Das burda-Kochbuch

Rezepte für die tägliche Küche
und für Festtage

Rezepte: Burda-Kochstudio
Chefkoch Ernst Birsner

Foto: Europa farbstudio / Gerd Feierabend

Gestaltung: Oswald Moser

Druck: Ara-Druck GmbH, Stuttgart

2. Auflage

ISBN-3-920 158-00-8

**Dies soll ein
praktisches Handbuch sein
für alle, die
Spaß am Kochen haben**

Inhaltsübersicht mit Kalorienangabe

Fleisch / Wild / Geflügel

Beilagen / Hauptgerichte / Eintöpfe

Süßspeisen

Vorspeisen und Salate Kalte Platten

Nizza-Salat (Salat „Niçoise“)

Dazu frisches Stangenbrot und Butter reichen

Für 4 Portionen: 1 Kopfsalat, 4—5 Tomaten, 1 grüne oder rote Paprikaschote, 1 Fenchelknolle, 2 Eier, 1 kleine Dose Sardellenfilets, 1 kleine Dose Thunfisch, 1 Zwiebel, Kapern, schwarze Oliven, Salz, Pfeffer, Essig, Öl. Pro Portion ca. 300 Kalorien.

Den Kopfsalat waschen und gut abtropfen lassen, die Tomaten in Scheiben, Paprikaschote und Fenchelknolle in Streifen schneiden. Den Kopfsalat auf einer Platte anrichten, Tomatenscheiben, Paprika und Fenchel darauf verteilen. Mit Thunfisch und mit Sardellenröllchen belegten Eischeiben garnieren. Die Salatplatte mit gehackten Zwiebeln, Kapern, schwarzen Oliven bestreuen. Mit einer Marinade aus Essig, Öl, Salz und Pfeffer übergießen. Zu dem Nizza-Salat frisches Stangenbrot und Butter reichen.

Weiße-Bohnen-Salat

Mit saftigem Rauchfleisch ein rustikales Gericht

Zutaten für 4 Portionen:
250 g weiße Bohnen,
3 Eier, 1 Zwiebel, 1 Knoblauchzehe, 1/2 Bund Petersilie, 1/2 Teelöffel zerkrümelte Pfefferminzblätter (Pfefferminztee), Weinessig, Öl, Salz, Pfeffer.
Pro Portion ca. 300 Kalorien.

Die Bohnenkerne eine Nacht in kaltes Wasser legen und dann darin 1 1/2 Stunden kochen (ohne Salz!). Inzwischen die Eier 8 Minuten kochen, pellen und in Achtel schneiden. Zwiebel und Knoblauch schälen und zusammen mit Petersilie fein hacken. Die Bohnenkerne mit Zwiebel, Knoblauch, Petersilie und Pfefferminzblättern vermischen und mit Weinessig, Öl, Salz und Pfeffer pikant anmachen. Den Salat mindestens 1 Stunde durchziehen lassen, abschmecken, mit Eiern garnieren.

Blumenkohl-Erbsen-Karotten-Salat

Mit Schinken ein vollwertiges Mittagessen

Zutaten für 4 Portionen:
1 kleiner Kopf Blumenkohl, 1/2 Tasse Milch, Salz, Muskat, 1/2 Teelöffel Streuwürze, 1 Paket Erbsen/Karotten(tiefgekühlt), 1 Zwiebel, 1/2 Bund Schnittlauch, Essig, 1/2 Glas Mayonnaise, 1 Becher Joghurt, 1 Prise scharfer Paprika, Zucker.
Pro Portion ca. 280 Kalorien.

Den Blumenkohl in 1 bis 2 cm große Röschen teilen, in einen Topf geben und dazu 1 Tasse Wasser, 1/2 Tasse Milch, Salz, Muskat und Streuwürze. Aufkochen und nach 13 Minuten Erbsen und Karotten dazugeben. Das Gemüse noch 8 Minuten kochen und dann in der Flüssigkeit erkalten lassen. Das Gemüse mit geriebener Zwiebel, geschnittenem Schnittlauch, etwas Essig, Mayonnaise und Joghurt mischen. Mit Salz, Paprika und 1 Prise Zucker abschmecken. Nach Wunsch auch noch etwas Kerbel, Dill, Estragon oder Pimpinelle unter den Salat mischen.

Mais-Paprika-Salat

Ein sommerliches Essen für mittags und abends

Zutaten für 4 Portionen:
2 Dosen Maiskörner, 2 grüne Paprikaschoten, 1 Zwiebel, 1 Bund Radieschen, Saft von 1 Zitrone, Öl, Salz, Pfeffer.
Pro Portion ca. 160 Kalorien.

Die Maiskörner gut abtropfen lassen. Die Paprikaschoten vierteln, entkernen und in 1/2 cm große Würfel schneiden, die geschälte Zwiebel fein hacken und die Radieschen in Scheiben schneiden. Den Mais mit Paprikaschoten und Zwiebel mischen und mit Zitronensaft, Öl, Salz und Pfeffer würzen. Den Salat 1/2 Stunde durchziehen lassen und eventuell noch mit 1 Prise Zukker abschmecken. Den Mais-Paprika-Salat in eine Schüssel füllen, mit den Radieschenscheiben umlegen und dazu Salami in Scheiben essen. — Sie können den Maissalat auch mit Joghurt, Mayonnaise oder auch saurer Sahne anmachen.

Bunter Kartoffelsalat

Delikat zu Schinken oder gebratenem Fisch

Zutaten für 4 Portionen:
1 kg Salatkartoffeln, 3 Eier, 500 g Tomaten, 3 Essiggurken, 1 Becher Joghurt, $^1/_4$ l saure Sahne, $^1/_2$ Teelöffel Senf, Salz, Pfeffer, Weinessig.
Pro Portion ca. 400 Kalorien.

Die Kartoffeln kochen, mit kaltem Wasser abschrecken (dadurch lockert sich die Schale!) und pellen. Die Eier 8 bis 10 Minuten kochen, kalt abschrecken und auch schälen. Die Tomaten kurz in kochendes Wasser tauchen, abziehen, vierteln und entkernen. Kartoffeln, Eier, Tomaten und Gurken in 1 cm große Würfel schneiden, in eine Schüssel geben und mit Joghurt, Sahne und Senf mischen. Den Salat mit etwas Essig, Salz und Pfeffer abschmecken und dann $^1/_2$ Stunde durchziehen lassen. Evtl. Gurkenessig daruntergeben, damit der Salat auch schön saftig ist.

Leberterrine

Zum Herrenabend ein herzhafter Imbiß

Für 4 Portionen: 250 g gemahlene Schweineleber, 125 g fetten ungeräucherten Speck, 1 Paar rohe Bratwürste, 100 g Semmelbrösel, 1/8 l Milch, 2 Eier, Salz, Pfeffer, 1/2 Teelöffel Pastetengewürz, 2 Likörgläser Weinbrand.
Pro Portion ca. 565 Kalorien.

Die Schweineleber mit dem Speck durch die feine Scheibe der Fleischhackmaschine drehen. Bratwurstfleisch, in Milch geweichte Semmelbrösel und Eier vermischen und die Masse mit Salz, Pfeffer, Pastetengewürz und Weinbrand abschmecken. Eine runde oder ovale Porzellan- oder Steingutform ausfetten, die Masse einfüllen, mit Alufolie abdecken und im Wasserbad ca. 1 1/4 Stunden ohne zu kochen garen. Am besten die Leberterrine im Wasserbad in die Backröhre stellen und bei 150 Grad garen. Erkalten lassen, in der Form servieren.

Salat „Florida“

Köstlich als Vorspeise — oder Hauptgang

Zutaten für 4 Portionen:
2 Äpfel, 1 Sellerieknolle, 1 Tasse grüne Erbsen, 1 Beutel gehobelte Mandeln, 2 Orangen, 1 Beutel Mayonnaise, Salz, etwas scharfer Paprika, Saft ½ Zitrone.
Pro Portion ca. 430 Kalorien.

Äpfel schälen, entkernen. Rohe Sellerieknolle schälen, in Streifen schneiden (oder auch raffeln) und mit Erbsen und Mandeln mischen. 2 Orangen ringsum mit einem spitzen Messer zickzackförmig einschneiden. Das Fruchtfleisch der 4 Hälften mit einem Löffel herausnehmen, in Würfel schneiden. Zu den obigen Zutaten geben und mit Mayonnaise, Salz, scharfem Paprika und Zitronensaft pikant anmachen. Salat in Orangenschalen füllen, Toast und Butter dazu reichen.

Chicorée-Salat

Ein bekömmliches Essen für den Abend

Zutaten für 4 Portionen:
4 Stück Chicorée, 2 Orangen, 1 Banane, 2 Äpfel, einige Maraschinokirschen, Saft von 1/2 Zitrone, 2 Eßl. Mayonnaise, 1/8 l saure Sahne, einige Mandeln, Salz, etwas scharfer Paprika.
Pro Portion ca. 210 Kalorien.

Den Chicorée längs halbieren, kurz waschen und gut abtropfen lassen. Die Orangen, Banane und Äpfel schälen, die Äpfel vierteln und entkernen. Chicorée, Orangen, Banane, Äpfel und Kirschen in Würfel schneiden, mit Zitronensaft vermischen und zugedeckt 1/2 Stunde kalt stellen. Mayonnaise mit saurer Sahne und in Scheiben geschnittenen Mandeln mischen, mit Salz und scharfem Paprika abschmecken und den Salat am Tisch mit dieser Soße anmachen. Dazu schmecken Brote mit Roastbeef oder Schinken.

Belegte Brote
Zum Abendbrot oder als kleiner Imbiß

1. Graubrot mit Butter oder Margarine, scharfem Senf und Kalbsleberwurst bestreichen. Mit Oliven- und Perlzwiebelscheiben umranden, mit feingeschnittenen Haselnüssen bestreuen. 150 Kalorien pro Stück.

2. Bauernbrot mit Butter oder Margarine bestreichen, mit rohen Schinkenscheiben belegen. Dosen-Champignonscheiben mit Mayonnaise, etwas Zitronensaft anmachen. Brote damit garnieren, grobgemahlenen Pfeffer überstreuen. 215 Kalorien pro Stück.

3. Toastbrot mit Butter oder Margarine bestreichen, gehackte Kräuter überstreuen, mit Ei und Tomatenscheiben belegen, würzen und mit Sardellenringen und Petersilie garnieren. 200 Kalorien pro Stück.

4. Schwarzbrot mit Mayonnaise bestreichen, mit Paprika bestäuben. Salamischeiben mit Paprikastreifen, Zwiebelringen und Kapern garnieren. 240 Kalorien pro Stück.

Kasseler im Teig

Dazu gibt's einen herzhaften Kartoffelsalat

Zutaten für 8 Portionen:
1 kg Kasseler ohne Knochen, 2 Eßlöffel Öl, 2 Pakete Tiefkühl-Blätterteig, 1 Ei.
Pro Portion ca. 1040 Kalorien.

Das Kasseler auf der Knochenseite in Öl ca. 2—3 Minuten anbraten, erkalten lassen. Den aufgetauten Blätterteig zu zwei Platten ausrollen, eine auf ein mit etwas Wasser befeuchtetes Blech legen, Teigränder mit Wasser bepinseln, darauf das Kasseler (Fettseite nach oben) setzen, mit der zweiten, größeren Teigplatte bedecken. Zwei runde Öffnungen an der Oberseite aus dem Teig stechen und Röllchen aus weißem Papier einsetzen, damit der Dampf abzieht. Pastete mit Teigstreifen verzieren, mit Ei bepinseln und in der Backröhre bei 180 Grad ca. 40 Minuten auf Unterschiene backen. Kasseler warm servieren.

Pikante Käsehappen

Als Abschluß und zum Wein passend!

1. 4 Scheiben gebutterten Pumpernickel, dazwischen 3 Scheiben Chester-Käse legen. In ein Pergamentpapier wickeln, kühl stellen, etwas beschweren. In Würfel schneiden, mit Oliven, Trauben usw. garnieren. 725 Kalorien.
2. Käse-Windbeutel. Zutaten: 1/8 l Wasser, Salz, 75 g Butter oder Margarine, 75 g Mehl, 2 Eier, 1 Eigelb, Butter, Edelpilzkäse, gehackte Nüsse. Aus Wasser, Salz, Fett, Mehl und Eiern einen Brandteig bereiten, auf gefettetes Blech walnußgroße Häufchen spritzen, diese mit verquirltem Eigelb bestreichen, bei 200 Grad ca. 15 Min. backen. Die Windbeutel aufschneiden. Füllung: 1. Butter und Edelpilzkäse. 1. Edelpilzkäsecreme: 1 Teil geschmeidige Butter mit Edelpilzkäse vermischen, mit gerösteten Nüssen bestreuen. 1215 Kalorien.

Matjesfilets „Hausfrauen-Art"

Ganz frische Matjes gibt's im Mai und Juni

Zutaten für 4 Portionen:
8 Matjesfilets, 1/4 l Milch, 1/8 l Sahne, 1/2 Glas Mayonnaise, 1 Becher Joghurt, gemahlener Piment, 3 Zwiebeln, 3 Äpfel.
Pro Filet ca. 410 Kalorien.

Matjesfilets in die Milch legen, darin etwa 1 Stunde liegen lassen und dann herausheben. Sahne mit Mayonnaise und Joghurt verrühren und diese Soße mit etwas gemahlenem Piment würzen. Zwiebeln schälen und in Ringe schneiden. Äpfel schälen, entkernen und in feine Scheiben schneiden. Zwiebelringe und Apfelscheiben in die Soße geben. Matjesheringe anrichten und die Soße darübergeben. Dazu Weißbrot, Butter und grünen Salat servieren. Gut schmecken dazu auch Salzkartoffeln und Salat. Matjes gibt's das ganze Jahr — ganz frische gibt's im Mai und Juni.

Blinis mit Kaviar

Blinis müssen heiß sein — Sahne und Kaviar kühl

Zutaten für 4 Portionen:
1/8 l Milch, 15 g Hefe, 50 g Weizenmehl, 1/4 l Sahne, 2 Eier, etwas Salz, 125 g Buchweizenmehl, Butterschmalz zum Braten. — 50 g Kaviar, 1/4 l saure Sahne.
Pro Portion ca. 335 Kalorien.

Milch wenig erwärmen und mit Hefe und Weizenmehl verrühren. Zudecken und an einem warmen Ort 1 bis 2 Stunden gehen lassen. Lauwarme Sahne, Eigelb (Eier rechtzeitig aus dem Kühlschrank nehmen!), Salz und Buchweizenmehl darunterrühren. Eiweiß zu steifem Schnee schlagen und unter den Teig ziehen. Butterschmalz in einer Pfanne erhitzen und darin nacheinander kleine Pfannkuchen braten. Die Blinis sofort anrichten und dazu gekühlte saure Sahne und Kaviar (möglichst auf Eis!) servieren.

Eingelegte Bratheringe

Katerfeind und Delikatesse zugleich

Zutaten für 4 Portionen:
6 grüne Heringe, Salz, Pfeffer, etwas Mehl, 3 Eßlöffel Öl, 1/4 l Weinessig, 1/4 l Fleischbrühe, 2 Lorbeerblätter, 10 Pimentkörner, 3 Nelken, 1 Teelöffel Senfkörner, 1 Zwiebel.
1 Hering ca. 325 Kalorien.

Bratfertige Heringe innen und außen mit Salz und Pfeffer einreiben. In Mehl wenden, in erhitztes Öl legen und gut braun braten. Weinessig und Fleischbrühe, Lorbeerblätter, Pimentkörner, Nelken und Senfkörner zusammen aufkochen. Zwiebel schälen und in Scheiben schneiden. Die Heringe mit den Zwiebelringen in ein Glas schichten und mit dem heißen Essigsud übergießen. 2 bis 3 Tage ziehen lassen und dann zu Pellkartoffeln, Butter und Salat servieren. Auch Brot und Bratkartoffeln passen dazu. — Sie können eingelegte Bratheringe etwa 3 Wochen im Kühlschrank aufbewahren.

Chicorée mit French Dressing

Essen Sie den leckeren Salat als Vorspeise

Zutaten für 4 Portionen:
5 Stück Chicorée, 1 Prise Salz, 1 Teelöffel milder Paprika, 1/2 Teelöffel Zucker, 1/2 Teelöffel Senf, 1 1/2 Eßlöffel Weinessig, 1 Eiweiß, 1/2 Tasse Öl, 1 Eßlöffel Dosenmilch.
Pro Portion ca. 130 Kalorien.

Den Chicorée entblättern, waschen und gut abtropfen lassen. Salz, Paprika, Zucker, Senf, Weinessig und das Eiweiß in eine hohe Schüssel geben und mit einem Handrührgerät gut mixen. Dann das Öl tropfenweise darunterrühren und zuletzt die Dosenmilch hinzufügen. Die Chicoréeblätter in eine Salatschüssel oder auf Portionsteller geben und mit der Soße übergießen. Dazu Toast oder Stangenbrot essen. Tip: Wenn es schnell gehen soll, können Sie Französische Salatsoße, Remoulade oder eine Mischung aus Ketchup und saurer Sahne verwenden.

Zutaten für 4 Portionen:
. . . mit Thunfisch:
1 Dose Thunfisch in Öl, 1 kleine Zwiebel, 1/4 Sellerieknolle, Schnittlauch, 3 Eßl. Mayonnaise, je 2 Eßl. Zitronensaft und Dosenmilch, Salz, Pfeffer, Zucker, Senf, 8 Tomaten, 165 Kalorien pro Tomate
. . . mit Schinken:
125 g roher Schinken, 2 hartgekochte Eier, 1 Zwiebel, 1/2 Tasse grüne Erbsen, 1 Teel. Petersilie, 4 Eßl. Öl, 2 Eßl. Essig, 8 Tomaten. 150 Kalorien pro Tomate.

Gefüllte Tomaten

Tomaten vor dem Füllen innen salzen und pfeffern

Thunfisch-Füllung
Thunfisch fein zerquetschen, geschälte Zwiebeln fein hacken, geputzten Sellerie in feine Streifen schneiden, Schnittlauch fein schneiden. Mayonnaise mit den übrigen Zutaten mischen und dann Thunfisch, Zwiebel, Sellerie und Schnittlauch daruntergeben. Abschmecken, in Tomaten füllen. Mit Sellerie und Thunfisch anrichten.

Schinken-Füllung
Schinken in feine Streifen schneiden. Eier schälen und würfeln. Zwiebel schälen und fein hacken. Schinken mit Eiern, Zwiebel, Erbsen und Petersilie mischen. Öl und Essig darübergeben, mit Salz und Pfeffer abschmecken und in die Tomaten füllen. Eventuell auf Salat anrichten.

Makkaronisalat

Eine herzhafte Grundlage für Leute mit viel Durst

Zutaten für 4 Portionen:
250 g Makkaroni oder Hörnchen, 1/2 Glas roter Paprika, 3—4 Essiggurken, 125 g Salami, 125 g Hartkäse, 1 Zwiebel, 1 zerdrückte Knoblauchzehe, 1 Becher Joghurt, 1 Beutel Mayonnaise, Salz, Pfeffer, Essig, 1/2 Teelöffel frischer oder getrockneter Dill, 1/2 bis 1 Tasse Milch.
Pro Portion ca. 820 Kalorien.

Makkaroni in ein Tuch einrollen und über die Tischkante ziehen, damit sie zerbrechen. Danach in kochendes Salzwasser geben und darin ca. 10 Minuten garkochen. Paprika, Essiggurken, Salami und Käse in 1/2 cm große Würfel schneiden. Dies zusammen mit feingewürfelter Zwiebel, zerdrücktem Knoblauch, Joghurt, Mayonnaise zu den gut abgetropften Teigwaren geben. Mit Salz, Pfeffer, Essig und Dill abschmecken. Danach die Milch beifügen und 1 Stunde oder länger kalt stellen, durchziehen lassen. Makkaronisalat ist eine herzhafte Grundlage für Leute mit viel Durst. Zum Herrenabend oder kalten Büffet sicher willkommen.

Curry-Reis-Salat

Schmeckt und bekommt auch „späten" Gästen

Zutaten für 4 Portionen:
2 Tassen Reis, 2 Zwiebeln, 4 Eßlöffel Öl, 2 gehäufte Teelöffel nicht zu scharfer Curry, 250 g Schinkenwurst, 2 Äpfel, 2 Bananen, 2 Essiggurken, 1 frische Paprikaschote (grün, gelb oder rot), 1 Bund Schnittlauch oder Petersilie, 1 Beutel Mayonnaise, Salz, Pfeffer, Essig, Öl, 1/2 bis 1 Tasse Milch.
Pro Portion ca. 920 Kalorien.

Reis in kochendes Salzwasser geben und darin ca. 20 Minuten garkochen. Danach abgießen, in kaltem Wasser abkühlen und gut abtropfen lassen. Zwiebelwürfel in Öl gelb dünsten, Curry untermischen. Schinkenwurst, Äpfel, Bananen, Essiggurken und Paprikaschote in Würfel schneiden. Diese zusammen mit den Zwiebeln zum Reis geben. Schnittlauch oder gehackte Petersilie, Mayonnaise, Salz, Pfeffer, Essig, etwas Öl und zuletzt die Milch beifügen (der Salat darf nicht zu trocken sein). Den Salat etwa 1 Stunde kühl stellen und durchziehen lassen. Curry-Reis-Salat ist für Gäste genau richtig.

Tatar garniert

Achten Sie auf frisch durchgedrehtes Fleisch

Zutaten für 4 Portionen:
800 g Tatar, 1 Zwiebel, etwas Petersilie, 1 Teel. Kapern, 1 Teel. geriebener Meerrettich, 1/2 Teel. Paprika, 2 Eßl. Öl, 1 Eßl. Tomatenketchup, 1 Teel. Salz, 1 Löffelspitze Curry, 1 Spritzer Worcestersoße, 1/2 Pariser Brot, Butter. Zum Garnieren: Zwiebelringe, Olivenscheiben, Sardellen, Kaviar, 4 Eigelb, Gurkenscheiben, Zitronenschnitze.
Pro Portion ca. 670 Kalorien.

Zwiebel schälen und fein reiben. Gewaschene Petersilie und Kapern fein hacken, mit dem Tatar in eine große Schüssel geben und alle Würzzutaten hinzufügen. Mit zwei Gabeln kneten, bis alles gut vermischt ist. Dann Pariser Brot in Scheiben schneiden und mit Butter bestreichen. Gewürztes Tatar locker daraufgeben und verschieden garnieren: mit großen Zwiebelringen, Eigelb und grobem Pfeffer; mit Zwiebelring und Kapern; mit Sardellenringen und Olivenscheiben; mit kleinen Zwiebelringen und Kaviar; mit geriebenem Meerrettich. Alles hübsch anrichten. Achten Sie beim Einkauf von Tatar darauf, daß es immer frisch durchgedreht ist.

Fischsalat

Als Vorspeise ein richtiger Gaumenkitzler

Zutaten für 4 Portionen:
375 g Fischfilet, 125 g Räucherfisch oder Seelachsschnitzel, 2 Eier, 6 Tomaten, 2 Essiggurken, Salz, Pfeffer, Essig, 1 Beutel Mayonnaise, 1 Eßl. gehackte Kräuter.
Pro Portion ca. 460 Kalorien.

Fischfilet in ganz wenig gesalzenem, fast kochendem Wasser garziehen lassen und kalt stellen. Räucherfisch in Streifen schneiden. Eier hartkochen, in Würfel schneiden, ebenso Tomaten und Essiggurken. Alles mit dem gut abgetropften zerpflückten Fischfilet vermischen und mit wenig Salz, Pfeffer, Essig, Mayonnaise und Kräutern pikant anmachen. Den Salat 1 Stunde kalt stellen, danach anrichten und mit frischen Salatblättern (Kopfsalat, Endivien) garnieren. Im übrigen eignen sich auch Reste von gekochtem Fisch für den Salat. Achten Sie dann aber darauf, daß alle Gräten entfernt sind. Fischsalat ist eine ideale Vorspeise, die Appetit macht.

Mit Sahnemeerrettich gefüllt

Servieren Sie dazu frisch gerösteten Toast

Zutaten für 4 Portionen:
1/2 Stange Meerrettich, 1/4 l Schlagsahne, 1 Prise Salz, etwas Zitronensaft, einige Körnchen Zucker, 250 g Aufschnitt (roher oder gekochter Schinken, Hamburger Rauchfleisch, Rinderzunge, Cervelat, Salami oder Räucherlachs).
Pro Portion ca. 385 Kalorien.

Meerrettich waschen, schälen und auf einer Reibe fein raspeln. Die gut gekühlte Sahne salzen und mit Handmixer oder Schneebesen ganz steif schlagen. Geriebenen Meerrettich darunterziehen und mit etwas Zitronensaft und ganz wenig Zucker abschmecken. Die dünnen Fleisch-, Wurst- oder Lachsscheiben zu Tüten aufrollen und mit Sahnemeerrettich füllen. Servieren Sie dazu frisch gerösteten Toast und einen leichten Weißwein, für Biertrinker ein kühles „Helles“.

Dips in Variationen

Dippen macht Spaß im geselligen Kreis

Zutaten für 8 Portionen:
750 g Sahnequark,
6 Eßlöffel saure Sahne,
2 Eßlöffel Öl, etwas Salz,
1 Prise Zucker, 1 Spritzer Sojasoße, 2 Eigelb.
Pro Portion ca. 220 Kalorien.

Quark, Sahne und Öl in eine Schüssel geben und schaumig rühren. Mit Salz, Zucker und Sojasoße würzen und Eigelb darunterrühren. In 4 Portionen teilen, die geschmackgebenden Zutaten (1—4) darunterrühren und anrichten. Salzige Gebäckstücke, Chicorée oder Gurke in den gewünschten Dip tauchen.

1 Würfel von einer großen Zwiebel, 4 Eßlöffel Tomatenketchup, 2 Eßlöffel Schnittlauchringe, 1 Teelöffel süßer Paprika.

2 Würfel von einem ungeschälten Apfel, 2 Teelöffel Curry, 1 Eßlöffel Mango-Chutney oder gewürfelter eingelegter Ingwer.

3 Würfel von 125 g rohem Schinken, 1 Teelöffel geriebener Käse, etwas schwarzer Pfeffer, 1 Teelöffel Senf, etwas geriebener Meerrettich.

4 Würfel von einer großen Zwiebel, je 1 Eßl. Petersilie, Schnittlauch, Dill, Rauchsalz, Knoblauchpulver und einige Gewürzgurkenscheiben.

Schwedenplatte

Für unerwartete Gäste ideal, denn alles kommt aus Dosen. Pro Portion ca. 310 Kalorien.

1 Räucherlachsröllchen auf Zitronenscheiben mit Zwiebelringen.
2 Ölsardinen, auf Salatblättern angerichtet, mit gefüllten Oliven und Butterröllchen.
3 Muscheln aus der Dose, angemacht in einer Soße aus Tomatenketchup und etwas Weißwein.
4 Sauer eingelegte Kronsardinen auf frischen, mit Salz und weißem Pfeffer bestreuten Gurkenscheiben.
Dazu: Mayonnaise.
5 Thunfisch in Öl aus der Dose, gemischt mit Kapern, angerichtet auf Salatblättern.
Zwei weitere Leckerbissen: Schwedenhappen, gemischt mit Apfel- oder Gurkenscheiben. Bücklingsfilets mit gehackten Zwiebeln, Eigelb, Pfeffer.

Salate mit Fisch, eine willkommene Vorspeise

Zutaten für 4 Portionen:
1 Dose Thunfisch in Öl, 1 kleine Sellerieknolle, 1 rote Paprikaschote in Essig, 1 Zwiebel, 1 Eßl. Kapern, 2 Eßl. Mayonnaise, scharfer Paprika, Salz, Essig.
Pro Portion ca. 310 Kalorien.

Thunfischsalat

Den Thunfisch grob zerdrücken. Die Sellerieknolle schälen, klein würfeln, in leichtem Salzwasser 5 Minuten kochen, abgießen, kalt werden lassen, mit Paprika- und Zwiebelwürfeln und Kapern unter den Thunfisch mischen, mit Mayonnaise anmachen und den Salat pikant würzen.

Zutaten für 4 Portionen:
8 Matjesfilets, 1/2 Dose feine grüne Bohnen, 2 Zwiebeln, 1 rote Paprikaschote in Essig, Öl, Pfeffer.
Pro Portion ca. 235 Kalorien.

Matjessalat

Die Matjesfilets in 1 cm breite Streifen schneiden, mit Bohnen-, Paprikawürfeln und hauchdünnen Zwiebelringen vermischen, pikant mit Essig, Öl und Pfeffer anmachen. Nicht salzen, denn Matjes sind zum Zwecke der Konservierung bereits stark gesalzen.

Rindfleischsalat

Beliebte Varianten zu jedem Kalten Büfett

Zutaten für 4 Portionen:
250 g gekochtes Rindfleisch, 1 Vierteldose Champignons, 2—3 Essiggurken, 1 Zwiebel, 1/2 Bund Petersilie, Essig, Öl, Salz, Pfeffer, 1/2 Teel. Senf.
Pro Portion ca. 175 Kalorien.

Das Fleisch in kleine Würfel, Champignons und Essiggurken in Scheiben schneiden. Mischen, mit geh. Zwiebel, Petersilie sowie Essig, Öl, Salz, Pfeffer und Senf pikant anmachen.

Budapester Salat

Zutaten für 4 Portionen:
250 g gekochtes Rindfleisch, 2 rote Paprikaschoten in Essig, 3—4 Tomaten, 1 kleine Zwiebel, 1 zerdrückte Knoblauchzehe, Salz, Pfeffer, Essig, Öl, gehackte Petersilie.
Pro Portion ca. 200 Kalorien.

Rindfleisch, Paprikaschoten und Tomaten in 2 cm große Würfel schneiden und mit Zwiebelwürfeln, zerdrücktem Knoblauch, Salz, Pfeffer, Essig und Öl pikant anmachen, gut durchziehen lassen. Zuletzt gehackte Petersilie untermischen.

Sie passen zu fast allen Menüs

Gurkensalat

Für 4 Portionen: 1 Salatgurke, 1 Bund Schnittlauch oder Dill, 1 Teel. Senf, etwas schwarzer Pfeffer, 3—4 Eßl. saure Sahne, Salz, Essig.
Pro Portion ca. 55 Kalorien.

So sollte Gurkensalat zubereitet werden, wenn er besonders nahr- und schmackhaft sein soll. Kein Öl, es nimmt die knackige Frische! Die Gurke hobeln, mit den obigen Gewürzen anmachen, ca. 1/4 Stunde kalt stellen. Im letzten Moment mit Salz und Essig abschmecken. Sahne darübergießen.

Tomatensalat

Für 4 Portionen: 750 g Tomaten, 1 Zwiebel, 1 Prise Zucker, 1 Löffelspitze Basilikum, Thymian oder Oregano, Pfeffer, Salz, Essig, Pflanzenöl.
Pro Portion ca. 45 Kalorien.

Tomatenscheiben mit dünn geschnittenen Zwiebelringen belegen, mit den weiteren Zutaten pikant anmachen und ca. 1/4 Stunde ziehen lassen. Tomaten enthalten viel Vitamine A und C. Vitamin C hält sich am besten in Verbindung mit Zucker. Auch deshalb empfiehlt sich die Zugabe von Zucker.

Erfrischend und gut für die schlanke Linie

Radieschen-Rohkost

Für 4 Portionen: 2 Bund Radieschen, Saft 1/2 Zitrone, Saft 1 Orange, 2 Bananen, Zucker, 1 Prise Salz.
Pro Portion ca. 60 Kalorien.

Radieschen enthalten viel Eisen und gehören deshalb zur geschätzten Frühjahrskost. Banane und Orange liefern das notwendige Vitamin A und Vitamin C. Zitronen- und Orangensaft mit den Bananen pürieren, über die feingeschnittenen Radieschen gießen. Nach Belieben mit Zucker und Salz nachwürzen, ca. 15 Min. im Kühlschrank durchziehen lassen.

Rettich-Rohkost

Für 4 Portionen: 4 Rettiche, 2 Äpfel, Saft 1/2 Zitrone, 1—2 Eßl. Honig, 1 Prise Salz, etwas Aromat oder Fondor.
Pro Portion ca. 85 Kalorien.

Rettiche und Äpfel raffeln, Zitronensaft mit Honig verrühren. Beides mischen, mit Salz, Aromat oder Fondor würzen und ca. 15 Min. durchziehen lassen. Honig und Äpfel nehmen den Rettichen die aufdringliche Schärfe.

Für jeden Geschmack etwas:

Blumenkohl-Rohkost

Für 4 Portionen: 1/2 Kopf Blumenkohl, 1 kleine Dose Mandarinen, 1/8 l saure Sahne, Salz, Zucker, Saft 1/2 Zitrone.
Pro Portion ca. 155 Kalorien.

Wer süße Salate liebt, findet hier d a s Rezept. Sind die Mandarinen jedoch zu süß, kann dies durch kurzes Wässern ausgeglichen werden. Blumenkohl fein hobeln, mit den abgetropften Mandarinen vermischen, mit Sahne, Salz, Zucker und Zitronensaft pikant anmachen und 1/2 Stunde im Kühlschrank durchziehen lassen.

Kohlrabi-Rohkost

Für 4 Portionen: 3—4 Kohlrabi, 1 Eßl. gehackte Petersilie, Saft 1/2 Zitrone, etwas Aromat oder Fondor, 2 Eßl. gehackte Nüsse, 1—2 Eßl. Mayonnaise.
Pro Portion ca. 100 Kalorien.

Geschälte Kohlrabi in feine Streifen schneiden oder raffeln, mit Petersilie mischen, mit Zitronensaft, Aromat oder Fondor, gehackten Nüssen und Mayonnaise pikant anmachen. 1/4 Stunde kühl stellen. Je feiner die Kohlrabi geschnitten werden, desto besser kann die Marinade einziehen.

Sellerie-Rohkost

Für 4 Portionen: 2 Sellerieknollen, 2 Äpfel, Saft 1 Zitrone, Salz, Zucker, 1/8 l saure Sahne, 1 Beutel gehobelte Mandeln, etwas abgeriebene Orangenschale.
Pro Portion ca. 200 Kalorien.

Mit Mandeln und Haselnüssen verfeinern

Sellerie ist reich an Mineralstoffen wie Natrium, Kalzium und Phosphor und deshalb besonders für Schulkinder von großer Bedeutung. Sellerieknollen und Äpfel schälen, raffeln, mischen, mit Zitronensaft, Salz, Zucker und Sahne anmachen. Mit den leicht gerösteten Mandeln und der abgeriebenen Orangenschale bestreuen.

Karotten-Rohkost

Für 4 Portionen: 500 g Karotten, Saft 1/2 Zitrone, Saft 1 Orange, 1 Eßl. Honig, 50 g gehackte geröstete Haselnüsse, 1 Prise Salz.
Pro Portion ca. 140 Kalorien.

Karotten schälen, raffeln, mit Zitronensaft (verrührt mit Orangensaft und Honig) und Haselnüssen mischen, salzen. Geraffelte Karotten sofort mit Zitronensaft beträufeln, damit keine Verfärbung eintritt. Karotten enthalten viel Provitamin A, nämlich Karotin, das dann im Körper zu Vitamin A (Schönheitsvitamin) aufgebaut wird.

Gemüsesalat

Eine gute Möglichkeit, Gemüsereste delikat zu verwenden

Für 4 Portionen: 1 kg Gemüse (Blumenkohl, Karotten, Fenchelknollen, Champignons, Erbsen, grüne Bohnen, Kohlrabi, Paprikaschoten, je nach Marktangebot), Salz, Pfeffer, 1/2 Glas Mayonnaise, etwas Zitronensaft, gehackte Kräuter (Dill, Fenchelkraut, Kohlrabiblättchen, Estragon, Petersilie, Schnittlauch). Pro Portion ca. 320 Kalorien.

Das geputzte, in Streifen oder kleine Würfel geschnittene Gemüse in Salzwasser ca. 10 Min. dünsten und kalt werden lassen. Wird Tiefkühlgemüse verwendet, so wird es nach Vorschrift bereitet, Paprikaschoten brauchen nicht gegart zu werden, sie können roh unter den Gemüsesalat gegeben werden. Das Gemüse gut abtropfen lassen, mit Salz, Pfeffer, Mayonnaise vermischen, mit einigen Spritzern Kräuteressig oder Zitronensaft säuern. Den Salat gut durchziehen lassen, zuletzt noch einmal abschmecken, die gehackten Kräuter untermischen. Der Salat kann zu gefüllten Eiern, kalten Platten, kaltem Geflügel und auch zu kaltem Fisch gereicht werden.

Italienischer Salat

Rasch zubereitet, wenn unerwarteter Besuch kommt

Für 4 Portionen: 350 g Fleischwurst, 4 große Essiggurken, 2 Äpfel, 1 Eßl. gehackte Kräuter, 1/2 Glas Mayonnaise, Pfeffer, Essig oder Gurkenessig, 1 kleine Dose Sardellenfilets, 2 Eier. Pro Portion ca. 540 Kalorien.

Fleischwurst, Essiggurken, geschälte, entkernte Äpfel in Streifen schneiden und mit gehackten Kräutern, Mayonnaise, Pfeffer, Essig oder Gurkenessig sowie gehackten Sardellenfilets pikant anmachen und ca. 1 Stunde durchziehen lassen. Den Salat anrichten, mit Eischeiben und Sardellenfilets garnieren und mit Toastbrot, Weißbrot oder Knäckebrot reichen. Dieser Salat, in Tomaten gefüllt, ergibt eine hübsche Variation.

Suppen
Soßen

Klare Fleischbrühe mit Schinkenklößchen

Sie können die Klößchen auch mit Salami zubereiten

Zutaten für 4 Portionen:
1 Zwiebel, 3 Scheiben gekochter Schinken, 2 Scheiben Toastbrot, 2 Eßlöffel Sahne, 1 Eßlöffel Margarine, 1 Ei, 1/2 Eßlöffel Mehl, 1 Eßlöffel gehackte Petersilie, Salz, Muskatnuß, weißer Pfeffer, 1 l Fleischbrühe.
Pro Portion ca. 230 Kalorien.

Die Zwiebel schälen und fein hacken. Schinken in sehr kleine Würfel schneiden. Das Toastbrot entrinden und mit der Sahne übergießen. Margarine erhitzen und die Zwiebelwürfel darin glasig werden lassen. Dann mit Schinken, Toastbrot, Ei, Mehl und gehackter Petersilie gut vermischen. Den Teig mit Salz, etwas geriebener Muskatnuß und Pfeffer abschmecken. Etwa 1 l Salzwasser aufkochen, mit einem Teelöffel vom Teig Klößchen abstechen und hineingeben. Ziehen — nicht kochen! — lassen, bis die Klößchen oben schwimmen. In Fleischbrühe anrichten.

Klare Fleischbrühe mit Käsebiskuits

Das Gebäck schmeckt auch zu Wein und Bier

Zutaten für 4 Portionen:
2 Eier, 1 Prise Salz,
2 Eßlöffel Mehl, 1 Löffelspitze Backpulver, 50 g geriebener Käse, Paprika,
1 l klare Fleischbrühe.
Pro Portion ca. 130 Kalorien.

Eiweiß mit Salz steifschlagen. Mehl mit Backpulver und geriebenem Käse (1 Eßlöffel Reibkäse zurückbehalten) mischen. Eigelb und Mehlgemisch unter den Eischnee ziehen. Ein Backblech mit Pergamentpapier belegen und den Teig ½ cm dick daraufstreichen. Mit Paprika und Käse bestreuen und bei 200 Grad (Backofen rechtzeitig vorheizen!) in etwa 10 Minuten goldgelb backen. Oder den Teig in eine kunststoffbeschichtete Pfanne geben (den Deckel mit geöffnetem Verschluß darauflegen!) und 8 Minuten backen. Klein schneiden, in Brühe anrichten.

Kartoffel-Porree-Suppe

Dazu ein gutes Dessert ergibt eine ganze Mahlzeit

**Zutaten für 4 Portionen:
2 Stangen Porree (Lauch), 4 Scheiben durchwachsener Räucherspeck, 3/4 l klare Fleischbrühe, 1/4 l Milch, 1/4 Paket Kartoffelpüreepulver oder -flocken, etwas saure Sahne, weißer Pfeffer, Salz, etwas Streuwürze.
Pro Portion ca. 320 Kalorien.**

Porree putzen, in Scheiben schneiden und waschen. Speck in einer tiefen Pfanne knusprig braten und dann wieder herausheben. Die Porreeringe in das Speckfett geben und kurz andünsten. Dann Fleischbrühe hinzugießen und die Suppe 10 Minuten kochen. Milch mit Kartoffelpüreepulver oder -flocken verrühren, zur Suppe geben und erhitzen. Speckscheiben zerkrümeln und hineingeben. Dann mit saurer Sahne, Pfeffer, Salz und Streuwürze abschmecken. Wenn's einmal schnell gehen soll: Kartoffelsuppe gibt es auch als Fertiggericht.

Markklößchensuppe

Die köstliche Suppe zu jedem Festessen

Zutaten für 4 Portionen:
50 g Ochsenmark (ca. 2 Markknochen), 2 Eier, 100 g Semmelbrösel, Petersilie, Aromat oder Fondor, Muskat.
Pro Portion ca. 230 Kalorien.

Das Ochsenmark klein schneiden und in einer Pfanne zerlassen, Fett durch ein Sieb gießen, kalt stellen und danach mit einem Schneebesen gut schaumig rühren, Eier nach und nach gut unterrühren. Unter die Masse die Semmelbrösel, gehackte Petersilie, Aromat oder Fondor und Muskat mischen, gut verkneten und ca. 20 Minuten ruhen lassen. Mit befeuchteten Händen Klößchen abdrehen und diese in Salzwasser ziehen — jedoch keineswegs kochen — lassen. Danach in einer guten Fleischbrühe, aus Knochen oder Brühwürfeln bereitet, servieren.

Fleischbrühe mit Eierstich

Mit Kräckers oder einer Scheibe Toast ein beliebter Imbiß

Zutaten für 4 Portionen:
$^1/_8$ l Milch, 2 Eier, etwas Salz, Muskat, Fleischbrühe.
Pro Portion ca. 70 Kalorien.

Milch, Eier, Salz, Muskat gut miteinander verquirlen. Eine kleine feuerfeste Form mit Butter oder Margarine ausfetten, die Eier-Milch durch ein Haarsieb eingießen, den Eierstich im Wasserbad ohne zu kochen fest werden lassen. Den Eierstich an den Seiten mit einem Messer aus der Form lösen, die Form stürzen, den Eierstich danach in schräge Vierecke, Würfel oder Streifen schneiden. In einer guten Fleischbrühe, aus Knochen oder Brühwürfeln bereitet, servieren. Eierstich kann auch mit Petersilie, Curry oder etwas Paprika abgeschmeckt zubereitet werden.

Champignoncremesuppe

Ein Süppchen, das einen Imbiß ersetzt

Zutaten für 4 Portionen:
1/2 Dose Champignonsuppe, 1/4 l Milch, 1 Teelöffel Butter oder Margarine, 50 g roher Schinken, 1 Zwiebel, 4 Tomaten, 1 Löffelspitze Thymian, 1/2 Bund Schnittlauch.
Pro Portion ca. 220 Kalorien.

Champignoncremesuppe nach Dosenvorschrift mit Milch und Wasser erhitzen. Kleine Schinkenwürfel in Fett kurz anbraten, Zwiebelwürfel zugeben, hellgelb dünsten, die abgezogenen, in Würfel geschnittenen Tomaten beifügen und mit Thymian würzen. Diese Masse kurz vor dem Anrichten unter die Suppe mischen, mit Schnittlauch bestreuen. Tip: Die Champignoncremesuppe kann mit frischen Champignons, welche man kurz in Butter angedünstet hat, angereichert werden. Außerdem kann man in Butter angeröstete Brotwürfel dazu reichen.

Geflügelcremesuppe

Geflügel und Curry passen köstlich-delikat zusammen

Zutaten für 4 Portionen:
$^1/_2$ Dose Geflügelcremesuppe, $^1/_2$ Eßlöffel Butter oder Margarine, 1 Zwiebel, 2 Teelöffel Curry, 1 Tasse Tiefkühlerbsen, 1 Tasse 5-Minuten-Reis, $^1/_4$ l Milch.
Pro Portion ca. 260 Kalorien.

Zubereitung: Zwiebelwürfel in Fett hellgelb werden lassen, Curry zugeben, nur kurz verrühren, Tiefkühlerbsen, 5-Minuten-Reis und $^1/_4$ l Wasser zugeben und 5 Minuten kochen lassen. Die Geflügelcremesuppe mit der Milch zugeben, aufkochen und anrichten. Eine andere Verfeinerungsmöglichkeit: 1 Eigelb mit $^1/_8$ l Sahne und 2 Teelöffel Curry vermischen und unter die langsam erhitzte Geflügelcremesuppe rühren. Wenn unerwartete Gäste kommen, ist Geflügelcremesuppe ein sehr willkommener Imbiß. Reichen Sie dazu Kräckers.

Zwiebelsuppe

Macht späte Gäste wieder munter

Zutaten für 4 Portionen:
$^1/_1$-Dose Zwiebelsuppe, $^1/_2$ Stangenbrot, 4—5 Eßlöffel Öl, 1 Zehe Knoblauch oder Trocken-Knoblauch, 4 Tomaten, 50 g geriebener Emmentaler Käse, 50 g geriebener Parmesan.
Pro Portion ca. 340 Kalorien.

Zwiebelsuppe nach Dosenvorschrift erhitzen. Das Stangenbrot in $^1/_2$ cm dicke Scheiben schneiden, in Öl auf beiden Seiten rösten. Die Scheiben mit einer geschälten Knoblauchzehe einreiben oder mit Trocken-Knoblauch bestreuen. Die Suppe in 4 feuerfeste flache Schalen verteilen, mit den Brot- sowie Tomatenscheiben belegen, mit geriebenem Käse bestreuen und unter dem Grill oder in der gut vorgeheizten Backröhre ca. 5 Minuten goldgelb überbacken. Tip: Die Zwiebelsuppe kann mit in Speck gebratenen Zwiebeln oder mit Weißwein verfeinert werden. Zwiebelsuppe gibt es auch als Fertigsuppe, die Sie dann nur mit einer Scheibe Toast und Butterflöckchen anreichern brauchen.

Ochsenschwanzsuppe „Moderne“

Wenn Sie Ihren Gästen etwas Besonderes bieten wollen

Zutaten für 4 Portionen:
$^1/_1$-Dose klare Ochsenschwanzsuppe, 1—2 Likörgläser Sherry (kein Cherry!), Weinbrand oder Madeira, 1 Stück rohe Bratwurst, 1 Eigelb, $^1/_4$-Dose Champignons, Kerbel- oder Petersilienblätter.
Pro Portion ca. 210 Kalorien.

Ochsenschwanzsuppe nach Dosenvorschrift erhitzen, aber nicht kochen lassen, Sherry, Weinbrand oder Madeira zugeben. Das Bratwurstfleisch mit Eigelb, etwas Sherry, feingehackten Champignons vermischen, kleine Klößchen abstechen und diese in Salzwasser 5 Minuten ziehen, aber nicht kochen lassen. Die Champignonbrühe mit zur Suppe verwenden. Die Ochsenschwanzsuppe mit Klößchen, in Scheiben geschnittenen Champignons und Kerbel- oder Petersilienblättern anrichten. Dazu knabbert man Käsestangen, Salzgebäck oder Kräckers.

Braune Grundsoße

Auch braune Fertigsoßen lassen sich so abwandeln

Für 4 Portionen: 40 g Fett, 1 Zwiebel, 1 Karotte, 50 g Mehl, $^1/_2$ Lorbeerblatt, einige Pfefferkörner, 1 Löffelspitze Thymian, 2—3 Teel. Tomatenmark, gut $^1/_2$ l Bratensaft oder Fleischbrühe, Salz, Aromat oder Fondor.
Pro Portion ca. 160 Kalorien.

Im Fett Zwiebel- und Karottenwürfel anschwitzen, Mehl überstäuben, bräunen, Lorbeerblatt, Pfefferkörner und Thymian zugeben und abkühlen lassen. Tomatenmark mit heißer Fleischbrühe zur Einbrenne geben, unter Rühren aufkochen und ca. 20 Minuten weiterkochen lassen. Durchseihen, pikant abschmecken.

1. Paprikasoße: Zuletzt 2—3 Teel. milden Paprika, $^1/_2$ Teel. Zwiebelpulver, etwas Knoblauchpulver, 2—3 Eßl. saure Sahne zugeben.

2. Wildsoße: Mit Wildknochenbrühe zubereiten. Die Soße mit Wacholderbeeren kochen, zuletzt mit $^1/_8$ l saurer Sahne, 2—3 Teel. Johannisbeergelee und schwarzem Pfeffer abschmecken.

Weiße Grundsoße

Mit Abwandlungen geeignet für Fisch, Fleisch, Geflügel

Für 4 Portionen: 40 g Butter oder Margarine, 1 Zwiebel, 40 g Mehl, gut 1/2 l Flüssigkeit (je nach Verwendung: Brühe von Kalb, Fisch, Fleisch, Geflügel oder Milch), Salz, Aromat oder Fondor. Pro Portion ca. 120 Kalorien.

Im Fett Zwiebelwürfel hell dünsten, das Mehl darin kurz anschwitzen, abkühlen lassen und mit heißer Flüssigkeit unter Rühren auffüllen, ca. 15—20 Min. leicht kochen. Die Soße mit Salz und Streuwürze abschmecken.

1 **Senfsoße,** zuletzt 1—2 Teel. Senf, 1 Prise Curry, etwas Zitronensaft zugeben.

2 **Meerrettichsoße,** zuletzt 2 Eßl. gerieb. Meerrettich zugeben, mit Essig und Zucker abschmecken.

3 **Currysoße,** zuletzt mit 2—3 Teel. Curry, 2—3 Eßl. Tomatenketchup, 1—2 Eßl. Apfelmus abschmecken.

4 **Kräutersoße,** zuletzt gehackte Kräuter zugeben.

Mayonnaise

Salate aller Art werden damit zur Delikatesse

Für 8 Portionen: 1—2 Eigelb, 1 Löffelspitze Salz, 1 Teel. Senf, 2 Teel. Essig oder Zitronensaft, 1/4 l Öl. Pro Portion ca. 260 Kalorien.

Eigelb mit Salz verrühren, unter ständigem Weiterrühren Senf, dann Essig oder Zitronensaft, zuletzt tropfenweise Öl zugeben, pikant abschmecken. Eigelb und Öl müssen gleiche Temperatur haben.

1. Remouladensoße: Zuletzt 2 Essiggurken, 1 Eßl. Kapern, 3—4 Sardellenfilets und frischgehackte Kräuter, alles feingehackt, daruntergeben. Mit Senf abschmecken.

2. Tatarensoße: Wie Remouladensoße, zusätzlich 1 hartgekochtes, gehacktes Ei untermischen und mit Cayennepfeffer würzen.

3. Schwedische Mayonnaise: Zuletzt 1—2 Eßl. dickes Apfelmus, 2 Eßl. geriebenen Meerrettich und etwas frischen Orangensaft untermischen.

Sauce Hollandaise

Beliebt zu Spargel und Blumenkohl

Für 8 Portionen: 3 Eigelb, 1/2 Tasse Wasser, 1 Teel. Zitronensaft, 125 g Butter, 125 g Margarine, Salz, 1 Prise weißer Pfeffer.

Bei Sauce Béarnaise: Cayennepfeffer, Petersilie, Estragon, Kerbel zuletzt untermischen.
Pro Portion ca. 360 Kalorien.

Eigelb mit lauwarmem Wasser und Zitronensaft im Wasserbad schlagen, bis die Masse dickschaumig ist. Das warme Fett tropfenweise in die aus dem Wasserbad genommene Eigelbsoße rühren, würzen. Nicht stark erhitzen, da sie sonst gerinnt. Im Wasserbad warm halten.
Sauce Béarnaise: 1/8 l Weißwein mit 3 Eßl. Estragonessig, 1 feingehackten Zwiebel und 1/2 Teel. grob zerdrückten weißen Pfefferkörnern aufkochen und 2/3 einkochen lassen. Danach abseihen, 3 Eigelb zugeben, wie bei der Hollandaise aufschlagen, zerlassenes Fett (125 g Butter und 125 g Margarine) tropfenweise zugeben.

Andalusische Soße

Eine herzhafte Geschmacksnuance für Fischgerichte

Zutaten für 8 Portionen:
1 kleine Dose Tomatenmark, 1/4 l Pflanzenöl, 1 rote Paprikaschote in Essig, 2 Eigelb, Pfeffer, Salz, etwas Zitronensaft.
Pro Portion ca. 300 Kalorien.

Zubereitung: Tomatenmark mit 2 Eßl. Pflanzenöl 1 bis 2 Min. unter ständigem Rühren in einem kleinen Topf erhitzen, anschließend vom Feuer nehmen. Die in Streifen geschnittene Paprikaschote zugeben. Das Eigelb mit Pfeffer und Salz cremig rühren, Zitronensaft und das restliche Pflanzenöl tropfenweise unter ständigem Rühren zugeben, so daß eine Mayonnaise entsteht. Hierunter das erkaltete Tomatenmark mit den Paprikaschoten mischen und diese Soße zu gekochtem oder als Beilage zu gebackenem Fisch servieren. Tip: Die Soße kann durch Zugabe eines geriebenen Apfels geschmacklich verändert werden.

Cocktailsoße

Auch als Dip-Soße für viele Gemüse geeignet

Zutaten für 8 Portionen:
$^1/_2$ Beutel Mayonnaise, $^1/_8$ l süße Sahne, 4 Eßlöffel Tomatenketchup, 1 Teelöffel Paprika, 1 Teelöffel Zitronensaft, Saft $^1/_2$ Orange, einige Tropfen Tabasco (scharfe Pfeffersoße). Pro Portion ca. 120 Kalorien.

Zubereitung: Die Mayonnaise mit der geschlagenen ungesüßten Sahne mischen, Tomatenketchup, Paprika, Zitronen- und Orangensaft untermischen und die Soße mit Tabasco pikant abschmecken. Möglichst 1—2 Stunden vor dem Verwenden bereiten und kalt stellen. Die Soße zum Anmachen von Shrimps- oder Hummercocktail oder -salat oder als Dip-Soße für Karotten-, Paprika-, Gurkenstreifen, Radieschen, Blumenkohl, Cocktailwürste und Shrimps verwenden.

Fisch
Eierspeisen

Seelachsfilet in Alufolie

Dazu auf dem Grill geröstete Brotscheiben reichen

Zutaten für 4 Portionen:
1 kg Seelachsfilet, 2 Eßlöffel Butter oder Margarine, 1 Zitrone, Salz, Pfeffer, 1/2 Glas Mixed Pickles, 1 Eßlöffel gehackte Kräuter(nachMarktangebot), Schaschlik- oder Paprikasoße, Pariser Stangenbrot, Pflanzenöl, 2—3 Knoblauchzehen.
Pro Portion ca. 300 Kalorien.

Zubereitung: Das Filet in ca. 2 cm dicke schräge Scheiben schneiden und auf vier gefettete Stücke Alufolie verteilen, mit Zitronensaft, Salz und Pfeffer würzen. Mixed Pickles und Kräuter zu dem Fisch geben, die Folie gut verschließen und auf dem Grill in ca. 45 Minuten garen. Den Fisch zuletzt mit der Schaschlik- oder Paprikasoße übergießen. Dazu werden auf dem Grill geröstete Brotscheiben gereicht. Das Brot vor dem Grillen mit Öl beträufeln und zuletzt mit einer Knoblauchzehe einreiben. Schaschlik- oder Paprikasoße erhalten Sie fertig im Handel in ausgezeichneter Qualität.

Gedünsteter Heilbutt mit Champignons

Vor Beigabe der Zutaten die Ränder der Folie hochstellen

Zutaten für 4 Portionen:
4 Scheiben Heilbutt zu 200 bis 250 g, 2 Eßlöffel Butter oder Margarine, 1 Zitrone, Salz, Pfeffer, $^1/_2$ Dose Champignons, $^1/_8$ l Weißwein, 1 Dose ganze vorgekochte Kartoffeln.
Pro Portion ca. 255 Kalorien.

Zubereitung: Vier Stücke Alufolie (extra stark) einfetten, je eine Scheibe Heilbutt darauflegen, mit Zitronensaft, Salz und Pfeffer würzen und 5 Minuten stehen lassen. Die Ränder der Alufolie hochstellen, Champignons, Weißwein und die abgetropften Kartoffeln zu den Fischscheiben geben und die Folie gut verschließen. Im Freien können die Pakete auf dem Grill oder direkt auf der Holzkohle in ca. 45 Minuten gegart werden. Das Gericht mit Zitronenscheiben und etwas frischer Butter servieren. Der Heilbutt kann auch in der Backröhre bereitet werden.

Schollenröllchen mit Spargeln

In der Alufolie bleibt der Fisch zart und ganz

Zutaten für 4 Portionen:
1 Paket Tieffrost-Schollenfilets, 1/2 Dose Spargelspitzen, 1 Eßlöffel Butter oder Margarine, 2 Tassen 5-Minuten-Reis, 2 Tassen Wasser, 1/2 Teelöffel Aromat oder Fondor, Saft 1/2 Zitrone, Salz, 1/8 l süße Sahne, 1/8 l Weißwein, 1/2 Eßlöffel Speisestärke, 1 Eßlöffel geschnittener Dill.
Pro Portion ca. 62 Kalorien.

Zubereitung: Den Fisch auftauen und die halbierten Spargel in die Schollenfilets einrollen. Ein großes Stück Alufolie (extra stark) einfetten, die Ränder hochstellen, Reis, Wasser, Aromat oder Fondor und die Schollenröllchen hineingeben, mit Zitronensaft beträufeln und leicht salzen. Die Alufolie schließen und in der Backröhre bei 200 Grad ca. 30 Minuten garen. Mit Spargelbrühe, Sahne, Weißwein und Speisestärke eine helle Soße bereiten, Dill dazugeben und die Schollenröllchen damit übergießen. Den Fisch in der Alufolie auf einer Platte servieren, mit Dill und Zitrone garnieren.

Muschelsuppe

Eine tolle Party-Abschluß-Suppe

Zutaten für 4 Portionen:
2 Kartoffeln, 2 Zwiebeln, 1 Möhre, 1 Stange Porree, 50 g Räucherspeck, $^3/_4$ l Fleischbrühe (Würfel), 1 Dose Muscheln (etwa 250 g Herzmuscheln, Venusmuscheln, Miesmuscheln oder nicht geräucherte Austern), 1 Löffelspitze Basilikum, weißer Pfeffer, $^1/_4$ l Milch.
Pro Portion ca. 260 Kalorien.

Kartoffeln, Zwiebeln und Möhre schälen, Porree längs halbieren und waschen. Alles Gemüse in $^1/_2$ cm große Würfel schneiden. Den Räucherspeck fein würfeln und in einem Suppentopf glasig werden lassen. Das Gemüse dazugeben und 1 Minute dünsten. Dann Fleischbrühe, Muscheln, Basilikum und Pfeffer hinzufügen und die Suppe 20 Minuten leicht kochen. Zuletzt die Milch darunterrühren, noch mal bis zum Kochen erhitzen und anrichten. Mit gehackter Petersilie bestreuen und dazu Salzkekse essen. Übrigens, diese Muschelsuppe ist ein delikater Abschluß für eine fröhliche Party. Bereiten Sie die Suppe vor und wärmen Sie sie kurz vor dem Servieren auf.

Aal in Gelee

Eine köstliche Spezialität aus Schleswig-Holstein

Zutaten für 4 Portionen:
750 g grüner Aal (vom Fischhändler abziehen, ausnehmen und an der Rückenlinie entlang in zwei Filets schneiden lassen — Gräten und Kopf entfernen), 1 Zwiebel, Salz, Pfeffer, 1 Lorbeerblatt, 1/4 l Weißwein, 1/4 l Fleischbrühe (Würfel), 3 Eßlöffel Kräuteressig, 8 Blatt helle Gelatine.
Pro Portion ca. 460 Kalorien.

Die Aalstücke in 5 cm lange Stücke schneiden und kurz waschen. Die Zwiebel schälen, fein würfeln und mit Salz, Pfeffer, Lorbeerblatt und Weißwein aufkochen. Den Aal 10 Minuten darin ziehen lassen und in der Brühe kalt stellen. Die kalten Aalstücke aus dem Weinsud heben und in eine Schüssel legen. Die Gelatine 5 Minuten in kaltes Wasser legen und dann in heißer Fleischbrühe auflösen. Mit dem Weinsud mischen, mit Essig abschmecken, durch ein feines Sieb gießen und abkühlen lassen. Kurz vor dem Stocken über die Aalstücke gießen und fest werden lassen. Dazu gebratene Kartoffeln essen.

Aal in Biersoße

Lassen Sie den Aal vom Fischhändler vorbereiten

Zutaten für 4 Portionen:
ca. 1 kg Aal (vom Fischhändler bereits getötet, abgezogen und ausgenommen), 1 Eßlöffel Butter oder Margarine, 2 Zwiebeln, 3/8 l dunkles Bier, Pfeffer, Salz, 1/2 Teelöffel Salbei, 1 Beutel oder Päckchen Bratensoße.
Pro Portion ca. 750 Kalorien.

Zubereitung: Den Aal in 5 cm lange Stücke schneiden, in dem Fett Zwiebelwürfel hell anschwitzen, den Aal zugeben und etwas weiterdünsten lassen. Mit Bier auffüllen, mit Pfeffer, Salz und Salbei würzen und zugedeckt 10 Minuten dünsten lassen. Das Soßenpulver mit ganz wenig kaltem Bier anrühren, von dem heißen Fischsud dazurühren und diese Mischung mit dem Aal verkochen lassen. Die Soße zuletzt mit etwas Zitronensaft pikant abschmecken. Als Beilagen dazu Petersilienkartoffeln reichen.

Miesmuscheln in Wein

Wer mag, würzt dieses feine Essen noch mit Knoblauch

Zutaten für 4 Portionen:
2 kg Miesmuscheln, 1 Zwiebel, 1 Möhre, 1 Stange Lauch, 2 Eßlöffel Butter oder Margarine, 1/4 l Weißwein, 1/2 Teelöffel weißer Pfeffer.
Pro Portion ca. 170 Kalorien.

Achtung: Rohe geöffnete Muscheln sind verdorben und sehr giftig!

Die Muscheln etwa 1 Stunde in Wasser legen, die Schalen sauber abbürsten und die Bartbüschel mit einem Messer abziehen. Zwiebel und Möhre schälen, den Lauch halbieren, gut waschen und alles in 1/4 cm große Würfel schneiden. Das Fett in einem großen Topf erhitzen, das Gemüse 4 bis 5 Minuten darin dünsten. Weißwein, Muscheln und gemahlenen Pfeffer dazugeben und zugedeckt etwa 6 Minuten kochen. Die Muscheln dann im geschlossenen Topf durchrütteln, damit die obenliegenden nach unten kommen. Wenn alle Muscheln geöffnet sind, sind sie gar. Zu Weißbrot anrichten.

Blaufelchen

Worcestersoße und Zitronensaft nicht vergessen

Für 4 Portionen:
4 Bodensee-Blaufelchen, 2 Zitronen, Salz, Pfeffer, etwas Mehl, 3 Eßlöffel Öl, 1 Eßlöffel Butter oder Margarine, Worcestersoße, 1 Eßlöffel gehackte Petersilie.
Pro Portion ca. 220 Kalorien.

Blaufelchen waschen, die Flossen abschneiden. Mit dem Saft 1/2 Zitrone beträufeln und 5 Min. ziehen lassen. Danach salzen und pfeffern, in Mehl wenden, innen mit Mehl bestäuben und in dem heißen Öl auf beiden Seiten braten. Butter oder Margarine zuletzt zugeben, die Blaufelchen damit einige Male übergießen. Auf einer Platte anrichten, mit Worcestersoße und Zitronensaft beträufeln, mit gehackter Petersilie bestreuen, das heiße Fett übergießen. Als Beilagen Salzkartoffeln und Zitronenspalten reichen.

Schellfisch in brauner Butter

Am besten in kunststoffbeschichteter Pfanne braten

**Zutaten für 4 Portionen:
8 Scheiben Schellfisch
à 100 g, Salz, Pfeffer, 2 Eßlöffel Öl, 2 Eßlöffel Butter, 3 Eßlöffel Essig,
1 Röhrchen Kapern.
Pro Portion ca. 260 Kalorien.**

Den Schellfisch waschen, abtrocknen und mit Salz und Pfeffer einreiben. Das Öl in einer Pfanne erhitzen, die Schellfischscheiben hineinlegen und auf beiden Seiten goldbraun braten. Auf eine vorgewärmte Platte legen und heiß halten. Die Butter zum Bratfett geben, braun werden lassen und über den Fisch geben. Essig in die Pfanne geben, erhitzen und auch über den Fisch gießen, der zuletzt mit Kapern bestreut wird. Essen Sie dazu Salzkartoffeln und einen Gurkensalat, den Sie mit feingehacktem Dill und einer Prise Zucker abschmeckten.

Forellen blau

Dazu Petersilienkartoffeln und ausgelassene Butter

Für 4 Portionen: 4 Forellen, 100—150 g Butter, Zitrone. Pro Portion ca. 340 Kalorien.

Frisch geschlachtete und ausgenommene Fische kurz unter fließendem kaltem Wasser abspülen, in kochendem Salzwasser mit einem Spritzer Essig ziehen lassen (ca. 6—8 Min.). Forellen anrichten, zerlassene oder schaumig gerührte Butter, frische Petersilienkartoffeln und Zitronenspalten dazu reichen.
Tip: Beim Schlachten und Ausnehmen der Forellen muß darauf geachtet werden, daß der Schleim, welcher an der Haut haftet, möglichst unbeschädigt bleibt, er bewirkt die Blaufärbung. Frische Fische reißen in heißem Wasser etwas auf.

Frische Forellen mit Mandeln

Forellen aus der Tiefkühltruhe eignen sich auch dazu

Zutaten für 4 Portionen:
4 frische Regenbogenforellen (vom Fischhändler ausgenommen!), Salz, weißer Pfeffer, Mehl, 3 Eßlöffel Öl, 2 Eßlöffel Butter, 1 Beutel gehobelte Mandeln, 1 Zitrone. Pro Portion ca. 310 Kalorien.

Die Forellen waschen und auf jeder Seite viermal leicht einschneiden, damit sie sich beim Braten nicht krümmen und schneller gar werden. Salzen und pfeffern, etwa 15 Minuten liegen lassen, in Mehl wenden — auch innen mit Mehl bestäuben — und gut abklopfen. Öl und 1 Eßlöffel Butter in einer Pfanne erhitzen, die Forellen darin etwa 8 Minuten braten und dabei mit dem Bratfett begießen. Dann auf eine heiße Platte legen und schnell die Mandeln und die übrige Butter im Fett goldgelb werden lassen. Über die Forellen gießen und Zitronenspalten dazulegen. Mit Salzkartoffeln und frischem Salat servieren.

Fischfilet portugiesisch

Denken Sie daran: Fischgerichte sind Schnellgerichte

Zutaten für 4 Portionen:
750 g Goldbarschfilet, Salz, Pfeffer, 1 Eßlöffel Weinessig, 2 Zwiebeln, 1 Knoblauchzehe, etwas Mehl, 6 Eßlöffel Olivenöl, 1/2 Dose geschälte Tomaten, 1 kleine Dose Sardellen, einige Oliven.
Pro Portion ca. 410 Kalorien.

Das Goldbarschfilet waschen, abtrocknen und mit Salz, Pfeffer und Weinessig einreiben. Zwiebeln und Knoblauchzehe schälen und fein hacken. Die Fischfilets in Mehl wenden, das Öl in einer Pfanne erhitzen und die Filets darin insgesamt 7 Minuten braten. Dann aus dem Fett nehmen und auf heißer Platte anrichten. Zwiebeln und Knoblauch im Bratfett gelb werden lassen, die Tomaten dazugeben und mit Salz und Pfeffer bestreuen. Die Soße 2 Minuten kochen, den Fisch damit umgießen und mit Sardellenfilets und einigen Olivenscheiben garnieren.

Gekochter Kabeljau

Ein schmackhaftes Essen, das schnell fertig ist

Zutaten für 4 Portionen:
1 Kabeljau (etwa 1 kg, in vier Portionen geteilt), Salz, Essig, $^3/_4$ l Wasser, 1 Zwiebel, 1 Zitrone, 1 Lorbeerblatt, etwa $^1/_2$ Teelöffel Senfkörner. Pro Portion ca. 180 Kalorien.

Den Fisch waschen, salzen und mit etwas Essig beträufeln. Etwa $^3/_4$ l Wasser, Zwiebel- und Zitronenscheiben, Lorbeerblatt, Senfkörner, $^1/_2$ Teelöffel Salz und 1 guten Schuß Essig 2 Minuten kochen. Den Fisch hineinlegen und zugedeckt in etwa 10 Minuten gar ziehen lassen. Dazu Salzkartoffeln und Senfsoße servieren, die so gemacht wird: 1 gehackte Zwiebel in Margarine glasig dünsten. 2 Eßlöffel Weizenkeime dazugeben und kurz mitdünsten. 2 Tassen Milch dazurühren, 5 Minuten kochen und dann mit Senf, Salz, Aromat oder Fondor, Zucker und viel frischem feingeschnittenem Dill abschmecken.

Kabeljauragout mit Curry

Probieren Sie Salat mit saurer Sahne und Ananas dazu

Zutaten für 4 Portionen:
750 g Kabeljaufilet, Salz, Saft $^1/_2$ Zitrone, 2 Zwiebeln, 2 Äpfel, 2 Bananen, 1 Eßlöffel Margarine, 2 Teelöffel Curry, $^3/_8$ l Fleischbrühe, $^1/_8$ l saure Sahne, 2 gestrichene Teelöffel Gustin.
Pro Portion ca. 370 Kalorien.

Den Fisch waschen, in 3 cm große Würfel schneiden, salzen, mit Zitronensaft beträufeln und 5 bis 10 Minuten liegen lassen. Zwiebeln schälen und fein würfeln. Die Äpfel schälen, vierteln, entkernen und fein reiben. Die geschälten Bananen in Scheiben schneiden. Margarine in einem flachen Topf zerlassen und die Zwiebelwürfel darin gelb dünsten. Curry dazurühren, Äpfel und Bananen hineingeben und 2 Minuten zugedeckt dünsten. Die Fleischbrühe hinzugießen und aufkochen. Nun den Fisch dazugeben und zugedeckt gar dünsten. Sahne und Gustin verquirlen, in die Soße rühren und aufkochen.

Heilbutt überbacken

Geben Sie dazu Kartoffelpüree und grünen Salat

Zutaten für 4 Portionen: 4 Scheiben tiefgekühlter Heilbutt à 200 g, 1 Zwiebel, 1/2 Bund Dill, 2 Eßlöffel Butter oder Margarine, Salz, Pfeffer, 1/8 l Weißwein, 1/4-Dose indische Shrimps oder Krabben, 1/8 l Milch, 2 Eigelb, 1 Teelöffel Worcestersoße, Saft von 1/2 Zitrone, 1 gehäufter Teel. Speisestärke, 2 Eßl. gerieb. Käse. Pro Portion ca. 400 Kalorien.

Die Zwiebel schälen und fein hacken, den Dill waschen und fein schneiden. Eine feuerfeste Platte ausfetten, mit den gehackten Zwiebeln bestreuen, den aufgetauten Fisch hineinlegen, salzen, pfeffern und mit Wein begießen. Zugedeckt in den Backofen stellen und 12 Minuten dünsten. Die Shrimps oder Krabben mit der Brühe dazugeben und 1 Minute erhitzen. Fisch und Krabben oder Shrimps auf eine feuerfeste Platte legen. Milch mit Eigelb, Worcestersoße, Zitronensaft und Speisestärke verquirlen, zum Sud rühren und aufkochen. Über den Fisch gießen, mit dem Käse bestreuen und kurz überbacken. Dazu schmeckt ein feines Kartoffelpüree mit frischem grünem Salat besonders gut.

Ungarisches Fischragout

Grüne Paprikastreifen geben angenehme Würze

Für 4 Portionen: 750 g Goldbarschfilet, Saft 1/2 Zitrone, 1 Eßl. Butter oder Margarine, 2 Zwiebeln, 2 grüne Paprikaschoten, Salz, Pfeffer, 1/8 l Weißwein, 1/4 l saure Sahne, 1 Teelöffel milder Paprika, 1 Teelöffel Speisestärke, Aromat oder Fondor. Pro Portion ca. 500 Kalorien.

Das Filet waschen, in 1 cm dicke Scheiben schneiden, mit Zitronensaft beträufeln. Zwiebelscheiben und Streifen von Paprikaschoten etwa 5 Minuten in Fett dünsten, das geschnittene Fischfilet darauflegen, mit Salz und Pfeffer würzen, mit Weißwein aufgießen und ca. 10 Minuten leicht dünsten. Den Fisch anrichten, die Sahne mit Paprika und Speisestärke verrühren und zu der Fischbrühe gießen, aufkochen lassen, die Soße pikant mit Aromat oder Fondor und Pfeffer abschmecken und den Fisch mit der Soße umgießen. Hierzu Reis oder Salzkartoffeln reichen.

Fischklöße in Dillsoße

Ein Spritzer Weißwein gibt der Soße die gute Abrundung

Für 4 Portionen: 500 g Kabeljaufilet, Salz, 4 Scheiben entrindetes Toastbrot, Sahne oder Milch, 50 g gewürfelter Räucherspeck, 2 feingehackte Zwiebeln, 1 Prise scharfer Paprika, 1 Eßlöffel Butter oder Margarine, 1 kleines Sträußchen Dill oder 2 Teelöffel geschnittener getrockneter Dill, 1/4 l süße Sahne, 2—3 Teelöffel Speisestärke. Pro Portion ca. 490 Kalorien.

Das Fischfilet entgräten und in größeren Stücken durch die große Scheibe der Fleischhackmaschine drehen. Danach salzen, gut verarbeiten, bis die Masse bindet. Toastbrot in etwas Sahne oder Milch einweichen, die Zwiebeln mit Speck anschwitzen, zu der Masse geben und mit Paprika pikant abschmecken. Alles durch die feine Scheibe des Fleischwolfes drehen. Den geschnittenen Dill in das erwärmte Fett geben, mit ca. 3/8 l Wasser auffüllen, leicht salzen. Von der Fischmasse mit bemehlten Händen kleine Klößchen rollen. Ca. 10 Minuten ziehen lassen, wieder herausnehmen. Die Fischbrühe mit Sahne und Speisestärke binden. Mit Zitronensaft, Streuwürze und Weißwein abschmecken. Klöße hineingeben.

Stockfisch mit Zwiebelbutter

Kenner schätzen sein „kerniges" Fleisch

Zutaten für 4 Portionen:
1 kg gewässerter Stockfisch, $^3/_4$ l Salzwasser, $^1/_4$ l Milch, 3 Zwiebeln, 3 Eßlöffel Butter.
Pro Portion ca. 690 Kalorien.

Den Stockfisch in einen Topf mit kaltem Salzwasser legen, aufkochen und die Milch dazugießen. Den Fisch 20 Minuten ziehen — nicht kochen — lassen. Inzwischen Zwiebeln schälen, fein würfeln und in Butter goldgelb dünsten. Den gegarten Stockfisch mit einer Siebkelle vorsichtig aus dem Topf heben und entgräten, ohne die Stücke sehr zu zerkleinern. Den Fisch auf einer heißen Platte anrichten und mit der Zwiebelbutter übergießen. Dazu Petersilienkartoffeln und grünen oder Gurkensalat servieren. Tip: Es ist zweckmäßig, den Stockfisch bereits vom Fischhändler gewässert zu beziehen, da diese Vorbereitung im Haushalt viel Zeit erfordert.

Gekochter Schellfisch mit Senfbutter

So schmeckt Schellfisch am besten

Zutaten für 4 Portionen:
1 kg Schellfisch, 1½ l Salzwasser, 1 Zwiebel,
1 Möhre, 1 Lorbeerblatt,
1 Teelöffel Pfefferkörner,
1 kleine Pfefferschote,
3 Eßlöffel Butter, 1 Teelöffel Senf.
Pro Portion ca. 330 Kalorien.

Den Schellfisch gründlich waschen und die Flossen abschneiden. Das Salzwasser zum Kochen bringen und dazugeben: Zwiebel und Möhre in Scheiben, Lorbeerblatt, Pfefferkörner und Pfefferschote. Diesen Sud 5 Minuten kochen, dann den Fisch hineinlegen und in 15 Minuten gar ziehen lassen. Im Sud servieren oder mit einer Siebkelle herausheben und auf einer heißen Platte anrichten. Senfbutter wird so gemacht: Butter in einem Pfännchen aufschäumen lassen, den Senf dazugeben und weiterrühren, bis die Soße leicht gebräunt ist. Was es sonst gibt? Salzkartoffeln mit Petersilie und frischen Salat.

Gegrillter Heilbutt

Ein Leibgericht der Skandinavier

Zutaten für 4 Portionen:
4 Scheiben Heilbutt à ca. 200 g, Salz, Pfeffer, 2 Eßlöffel Öl, 2 Tomaten. —
Für die Kräuterbutter:
50 g frische Butter, 1 Eßlöffel gehackte Kräuter (nach Marktangebot) und 1 Löffelspitze scharfen Paprika sowie Salz gut vermischen.
Pro Portion ca. 350 Kalorien.

Heilbutt waschen, gut abtrocknen, mit Salz und Pfeffer würzen und mit Öl übergießen. Die Grillpfanne vorheizen, den Heilbutt auf beiden Seiten grillen; der Fisch ist gar, wenn sich die Mittelgräte leicht herausziehen läßt. Die halbierten Tomaten während dieser Zeit mitgaren. Den Heilbutt auf einer Platte anrichten, mit den Tomaten garnieren und dazu Petersilienkartoffeln, beliebigen Salat sowie die Kräuterbutter servieren. Tip: An Stelle von Heilbutt kann auch Steinbutt auf diese Weise gegrillt werden.

Karpfen in Bier

Ein ungewöhnliches Rezept! Kenner wissen es zu schätzen

Zutaten für 4 Portionen: 1 kg Karpfen (ausgenommen), Salz, Pfeffer, 1 Eßlöffel Butter oder Margarine, 1 Zwiebel, 1/2 Tasse gehackte Petersilie, 1 Tasse feingeschnittener Lauch, 1/2 l dunkles Bier, 1 Lorbeerblatt, 1 Nelke, 50 g Lebkuchen, 1 Eßlöffel Zucker, 2—3 Eßlöffel Essig oder Zitronensaft.
Pro Portion ca. 380 Kalorien.

Karpfen (ohne Kopf und Flossen) gut auswaschen, in 4 Teile schneiden und mit Salz und Pfeffer pikant würzen. Zwiebelwürfel in Fett hellgelb werden lassen, Petersilie und Lauch zugeben, 2—3 Minuten dünsten, danach die Karpfenteile einlegen und weitere 5 Minuten dünsten. Bier, Lorbeerblatt, Nelke, Lebkuchen (oder Zwieback und Lebkuchengewürz) zugeben und zugedeckt bei schwacher Hitze ca. 20 Minuten langsam garen. Den Zucker in einem trockenen Topf zu Karamel schmelzen, mit Essig oder Zitronensaft ablöschen und zur Soße geben. Die Soße eventuell mit etwas Speisestärke binden. Tip: An Stelle von Lebkuchen 4—5 Zwiebacke und 1/2 gestrichener Teelöffel Lebkuchengewürz.

Gespickter Hecht

Am schmackhaftesten: Hechte mit 1-2 kg Lebendgewicht

Zutaten für 4 Portionen:
1 kg frischer Hecht, ausgenommen und geschuppt, 50 g fetter geräucherter Speck, Salz, Pfeffer, 2 Eßlöffel Öl, 1/8 l saure Sahne, etwas Paprika.
Pro Portion ca. 360 Kalorien.

Speck in lange, dünne Streifen schneiden und mit der Spicknadel den gut ausgewaschenen Hecht spicken. Mit Salz und Pfeffer würzen, in eine Pfanne oder auf eine feuerfeste Platte geben, mit Öl bestreichen und in der vorgeheizten Backröhre bei ca. 225 Grad 30 Minuten braten. Dabei einige Male mit dem Bratenfett übergießen. Den gegarten Hecht mit saurer Sahne übergießen, mit Paprika bestäuben und noch ca. 5 Minuten in der Backröhre überbacken. Hierzu kleine Salzkartoffeln, mit Petersilie überstreut, servieren. Dazu kann beliebiger Salat gereicht werden. Tip: Der Hecht kann auch mit Speckscheiben belegt und mit Garn umwickelt und wie oben angegeben gegart werden.

Seezungen „Müllerin-Art"

Ein klassisches Feinschmeckeressen!

Zutaten für 4 Portionen:
4 Seezungen à ca. 200 bis 250 g (vom Fischhändler abziehen und ausnehmen lassen), Salz, Pfeffer, 2 Zitronen, Mehl, 2 Eßlöffel Öl, 2 Eßlöffel Butter oder Margarine, Worcestersoße, gehackte Petersilie. Pro Portion ca. 350 Kalorien.

Die vorbereiteten Seezungen gut waschen, abtrocknen, mit Salz, Pfeffer, dem Saft $^{1}/_{2}$ Zitrone marinieren. Nach 5 Minuten abtrocknen und mit Mehl bestäuben, Öl und 1 Eßlöffel Butter in einer Pfanne heiß werden lassen, die Fische auf beiden Seiten goldbraun braten. Zuletzt das restliche Fett beifügen. Die Seezungen anrichten, mit wenigen Tropfen Worcestersoße beträufeln, das gibt das besondere Aroma. Dann geschälte, in dünne Scheiben geschnittene Zitronen auflegen, mit gehackter Petersilie bestreuen und das heiße Fett übergießen. Mit Petersilienkartoffeln und frischem Gurkensalat servieren. Ein klassisches Feinschmeckeressen und dabei so leicht zuzubereiten.

Seezungenfilets in Weißwein

Reis und grüner Salat sind bevorzugte Beilagen

Zutaten für 4 Portionen: 400 g Seezungenfilets, 1 Eßlöffel Butter oder Margarine, 1 Zwiebel, Salz, weißer Pfeffer, 1/2 Teelöffel Estragon, 1 Teelöffel gehackte Petersilie, 1/4 l Weißwein, Saft 1/4 Zitrone, 1/4 l süße Sahne, 2—3 Teelöffel Speisestärke, 1/2 Teelöffel Aromat oder Fondor. Pro Portion ca. 340 Kalorien.

Zubereitung: Die Seezungenfilets waschen, einen flachen Topf mit der Butter ausstreichen, feingehackte Zwiebelwürfel darüberstreuen und die Seezungenfilets nebeneinander einlegen. Mit Salz, Pfeffer, Estragon und Petersilie würzen und mit Weißwein und Zitronensaft begießen. Ein Pergamentpapier darüberlegen und die Seezungenfilets ca. 5 Minuten leicht dünsten lassen. Die gegarten Seezungenfilets anrichten, die Sahne mit der Speisestärke verrühren, zu der Fischbrühe geben, aufkochen lassen und die Fischsoße mit Aromat und Fondor pikant abschmecken.

Fischfilet in Bierteig

Dazu eine Joghurt-Mayonnaise-Soße

Zutaten für 4 Portionen:
750 g Seelachsfilet, Salz, Pfeffer, Saft von 1/2 Zitrone, 1 Teelöffel Senf, 1/4 l Bier, 8 gehäufte Eßlöffel Mehl, 2 Eßlöffel Öl, 1 gestrichener Teelöffel Zucker, Biskin zum Ausbacken, 1 Becher Joghurt, 1/2 Beutel Mayonnaise, Essiggurken, 1 hartgekochtes Ei.
Pro Portion ca. 490 Kalorien.

Das Seelachsfilet waschen, abtrocknen und in Portionsstücke schneiden. Mit Salz, Pfeffer, Zitronensaft und Senf würzen. Bier in eine Schüssel gießen, das Mehl hinzufügen und mit einem Schneebesen gut verrühren. Öl, Zucker und Salz darunterrühren. Die Fischfilets in den Bierteig tauchen, in das erhitzte Backfett legen, goldbraun ausbacken und auf einem Gitter abtropfen lassen. Dazu eine Soße aus Joghurt, Mayonnaise, gehacktem Ei und Essiggurken mischen. Dazu Kartoffelsalat in Öl-Essig-Marinade reichen. Zu Fischfilet in Bierteig Kartoffelsalat in Öl-Essig-Marinade reichen. Tip: Sie können den Fisch auch mit wenig Fett in der Pfanne braten.

Omelett mit Krabben

Vergessen Sie bei diesem Gericht das Dillgewürz nicht!

Zutaten für 4 Portionen: 200 g Krabben (Tiefkühlware), 2 Eßl. Butter oder Margarine, 1 Zwiebel, 1/4 l süße Sahne, 2 Teel. geschnittener Dill, 1/8 l Weißwein, 2—3 Teel. Speisestärke, Aromat oder Fondor, Zitronensaft, Salz, scharfer Paprika, 6—8 Eier. Pro Portion ca. 400 Kalorien.

Krabben in verschlossener Plastikhülle in kaltes Wasser legen. Zwiebelwürfel in 1 Eßlöffel Fett hell anschwitzen, mit Sahne ablöschen, Dill zugeben, kurz durchkochen, den Weißwein, mit Speisestärke verrührt, untermischen. Die Soße pikant abschmecken. Krabben zugeben, nur kurz durchziehen lassen. Eier verquirlen, mit Salz würzen. Das restliche Fett in einer Pfanne zerlassen, Eier hineingießen und ein Omelett bereiten. Das fertige Omelett auf eine Platte stürzen, längs ein-, aber nicht ganz durchschneiden, so daß es noch an den beiden Enden zusammenhält. Die Öffnung etwas auseinanderdrücken, in diese die Krabben mit der pikanten Soße füllen.

Omelett mit Hirn

Leicht und bekömmlich, ein Gericht für Feinschmecker

Zutaten für 4 Portionen:
1 Kalbshirn, 2 Eßl. Essig, Salz, 1/2 Lorbeerblatt, 2 Eßl. Butter oder Margarine, 1 Zwiebel, 1 kleines Glas Kapern, 6—8 Eier.
Pro Portion ca. 350 Kalorien.

Kalbshirn kurz in kaltes Wasser legen, die Häute sowie die Blutgerinnsel ganz entfernen. Wasser mit Essig, Salz und Lorbeerblatt aufkochen, Hirn einlegen und zugedeckt ca. 10 Minuten ziehen lassen. In einem Eßlöffel Fett Zwiebelwürfel gelblich schwitzen, das abgetropfte, in Stücke geschnittene Hirn zugeben, leicht salzen und ganz leicht anbraten, abgetropfte Kapern zuletzt untermischen. Die Eier verquirlen, salzen, das restliche Fett in der Pfanne zerlassen und die Eier zugeben. Ein Omelett formen, auf eine Platte stürzen und darüber das angebratene, gewürzte Hirn geben.

Königin-Omelett

Wer es scharf mag, überstreut mit Cayennepfeffer

Zutaten für 4 Portionen:
1 Zwiebel, 1 Teelöffel Margarine, 1 Dose Champignons (250 g), 1 Dose Ragout fin (250 g), 6 Eier, 2 Eßlöffel Dosenmilch oder Sahne, Salz, Muskat, Pfeffer, 1 Eßlöffel Butter, 1 Eßlöffel geriebener Käse.
Pro Portion ca. 360 Kalorien.

Die Zwiebeln schälen, fein würfeln und in der Margarine gelb dünsten. Die abgetropften Champignons und das Ragout fin dazugeben und langsam erhitzen. Inzwischen Eier, Dosenmilch oder Sahne, Salz, Muskat und Pfeffer gut verquirlen. Butter in einer flachen, am besten kunststoffbeschichteten Pfanne erhitzen, die Eier hineingießen und beim Stocken etwas zusammenschieben. Das Omelett aufrollen und auf eine feuerfeste Platte stürzen, längs einschneiden, mit Ragout fin füllen, mit Käse bestreuen und überbacken, bis es goldbraun ist. Zu Butterreis und grünem Salat in einer Zitronen-Öl-Marinade servieren.

Algerisches Omelett

Schnell zubereitet — auch für verwöhnte Männergaumen

Zutaten für 4 Portionen:
6 Tomaten, 2 Zwiebeln, 1 Knoblauchzehe, 2 grüne Paprikaschoten, 4 Eßlöffel Pflanzenöl, 6 Eier, 2 Eßlöffel Dosenmilch oder Sahne, 1/2 Teelöffel Streuwürze, 1 Löffelspitze Cayennepfeffer, Salz.
Pro Portion ca. 330 Kalorien.

Die Tomaten kurz in kochendes Wasser tauchen, abziehen, vierteln und entkernen. Die Zwiebeln schälen und in dünne Ringe schneiden. Die Knoblauchzehe schälen und fein hacken, die Paprikaschoten vierteln, entkernen, waschen und in Streifen schneiden. Zwiebeln und Paprikaschoten 3 Minuten im Öl dünsten, dann Knoblauch und Tomaten hinzufügen und 1/2 Minute weiterdünsten. Inzwischen Eier, Dosenmilch oder Sahne, Streuwürze, Cayennepfeffer und Salz verquirlen, über das Gemüse gießen und auf schwacher Hitze stocken lassen. Zu Salzkartoffeln, Kartoffelpüree oder Brot servieren.

Gefüllte Eier

Mit Kressesalat ein köstlich frisches Frühlingsessen

Zutaten für 4 Portionen:
6 Eier, 75 g Butter oder Margarine, Salz, Pfeffer, 4 Teelöffel Kaviar, 1 Teelöffel gehackte Kresse, 4 Scheiben Lachsschinken, 1 Essiggurke, 1 kleine Dose Thunfisch, 1 Löffelspitze scharfer Paprika, 1 Eßlöffel Mayonnaise, einige rote Paprikastreifen.
Pro Ei ca. 395 Kalorien.

Die Eier in warmes Wasser legen, aufkochen und je nach Größe 8—10 Minuten kochen. Dann in kaltes Wasser legen, abkühlen lassen, pellen und längs halbieren. Das Eigelb herausheben und mit Butter oder Margarine, Salz und Pfeffer weißschaumig rühren. 4 Eihälften damit füllen, mit Kaviar garnieren. Der restlichen Creme gehackte Kresse zugeben. Lachsschinken in 4 Eihälften legen, mit einem Teil der Kräutercreme bedecken und mit Gurkenfächern garnieren. Jetzt Thunfisch, Paprika und Mayonnaise unter den Rest der Kräutercreme mischen und die restlichen Eier damit füllen. Dazu Toast essen.

Wachteleier mit Kressebutter und Remoulade

Wachteleier bleiben im Kühlschrank etwa 12 Tage frisch

Zutaten für 4 Portionen:
32 Wachteleier, Salzwasser, 125 g Kresse, 50 g Butter, Salz, Pfeffer, 2 Essiggurken, 1/4 Zwiebel, 1 Teelöffel Kapern, etwas Petersilie, 1/2 Glas Mayonnaise.
Pro Portion ca. 490 Kalorien.
Tip: Fragen Sie Ihren Feinkosthändler nach Wachteleiern. Er kann sie Ihnen bestellen.

Die Wachteleier in kaltes Salzwasser legen, aufkochen und 2 Minuten kochen lassen, dann den Topf sofort unter kaltes Wasser stellen und rasch abkühlen. Die Hälfte der Eier gleich schälen und mit den ungeschälten (damit's hübsch aussieht!) auf der Kresse anrichten. Dazu Kressebutter servieren. Dafür Butter mit Salz und Pfeffer verrühren und mit 1 Eßlöffel gehackter Kresse vermischen. Außerdem schmeckt dazu Remouladensoße: Essiggurken, geschälte Zwiebel, Kapern und Petersilie zusammen fein hacken und mit der Mayonnaise verrühren. Außerdem gibt's dazu frisches Brot vom „Meter".

Fleisch
Wild
Geflügel

Spanisches Wurstragout

Als Beilage Butterreis oder Kartoffelpüree

Zutaten für 4 Portionen:
2 Zwiebeln, 2 Paprikaschoten, 4 Eßlöffel Livio-Öl, 2 Teelöffel milder Paprika,. 1 Döschen Tomatenmark, 2 Beutel Bratensoße, 1/2 l warmes Wasser, 4 Paar Saftwürstchen, saure Sahne.
Pro Portion ca. 725 Kalorien.

Zubereitung: Zwiebel- und Paprikawürfel in Öl anschwitzen, Paprika und Tomatenmark darin verrühren, Wurststücke zugeben, mit angerührtem Soßenpulver auffüllen und 10 Minuten leicht schmoren lassen. Zuletzt einige Eßlöffel saure Sahne zugeben. Als Beilage paßt sowohl Butterreis als auch Kartoffelpüree oder beliebige Teigwaren, außerdem grüner Salat. Tip: Zu spanischem Wurstragout lassen sich Wurst- und Schinkenreste gut verwenden.

Gefüllte Fleischpfannkuchen

Dazu paßt Gurkensalat, mit Joghurt angemacht

Zutaten für 4 Portionen:
1 Paket Eierpfannkuchen, 2 Eßlöffel Butter oder Margarine, 2 Zwiebeln, 350 g gemischtes Hackfleisch, etwas Knoblauch, 1/2 Teelöffel Thymian, 1/2 Teelöffel Paprika, 1/2 Dose Tomatencremesuppe.
Pro Portion ca. 670 Kalorien.

Zubereitung: Eierpfannkuchen nach Vorschrift bereiten und in 1 Eßlöffel Fett Pfannkuchen ausbacken. In dem restlichen Fett Zwiebelwürfel goldgelb braten, das Fleisch zugeben, mit einer Gabel klein zerteilen und gut anbraten. Gewürze zu dem Fleisch geben, mit Tomatensuppe verkochen und die fertigen Pfannkuchen mit dieser Masse füllen. Als Beilage wird Gurkensalat, mit Joghurt angemacht, gereicht.

Leberknödel mit Zwiebelbutter

Machen Sie dazu einen warmen Kartoffelsalat

Zutaten für 4 Portionen:
250 g gemahlene Rindsleber, 125 g gemischtes Hackfleisch, 3 Zwiebeln, 50 g Räucherspeck, 2 Eßlöffel Butter oder Margarine, 2 altbackene Brötchen, 1 Ei, 1 Eßlöffel gehackte Petersilie, Salz, Aromat oder Fondor, Muskat, Pfeffer, Majoran.
Pro Portion ca. 360 Kalorien.

Geschälte Zwiebeln und Speck fein würfeln. Die Speckwürfel in Butter oder Margarine auslassen und die Zwiebeln darin hellgelb dünsten. 1 Eßlöffel davon zu Leber und Hackfleisch geben. Eingeweichte Brötchen, Ei, Petersilie und Gewürze hinzufügen und die Farce am besten mit dem Knethaken eines Rührgeräts mischen. Mit einem Eßlöffel einen Probekloß abstechen und in siedendes Salzwasser legen. Zerfällt der Kloß, kommen noch 1 bis 2 Eßlöffel Grieß unter die Farce. Dann alle Klöße ins Salzwasser legen und in 10 Minuten gar ziehen lassen. Mit der Zwiebelbutter anrichten und dazu Salat essen.

Gefüllte Lammschulter

Zwiebel- und Karottenwürfel geben gute Würze

Zutaten für 6 bis 8 Portionen: 1 kleine Lammschulter (Knochen vom Fleischer auslösen lassen), Salz, Pfeffer, 2 Scheiben entrindetes Weißbrot, 2 Eier, 1 Paar rohe Bratwürste, 1 Eßlöffel gehackte Kräuter, 1 Zehe Knoblauch, 1 kleines Glas Mixed Pickles, 1/2 Teelöffel Curry, 2 Eßlöffel Pflanzenöl, 1 Zwiebel, 1 Karotte, etwas Tomatenmark. Pro Portion 475 Kalorien.

Zubereitung: Die Lammschulter außen und innen salzen und pfeffern. Die Brotscheiben mit dem verquirlten Ei begießen und einziehen lassen, das Bratwurstfleisch, Kräuter, zerriebenen Knoblauch, die gut abgetropften Mixed Pickles, Curry, Salz zugeben und gut vermischen. Die Lammschulter mit der Masse füllen, ringsum zunähen und in der Backröhre bei 190 Grad in Öl anbraten. Mit der Fettseite nach oben, mit groben Zwiebel- und Karottenwürfeln ca. 1 1/2 Stunden braten. Tomatenmark zuletzt zugeben, mit Wasser ablöschen, passieren; die Soße dazu reichen. Dazu Gemüse- und Kartoffelbeilagen.

Holsteiner-Schnitzel

Nach F. v. Holstein — Diplomat und Feinschmecker

Zutaten für 4 Portionen:
4 Kalbsschnitzel à ca. 125 g, Salz, Pfeffer, Mehl, 1 Eßlöffel Butter oder Margarine, 4 Eier, 2 Toastscheiben, 4 Sardellenfilets, etwas Kaviar, etwas Räucherlachs.
Pro Person ca. 360 Kalorien.

Schnitzel mit Salz und Pfeffer würzen und in Mehl wenden. In flacher Pfanne Fett langsam erhitzen. Schnitzel einlegen, auf beiden Seiten gar braten. In der Zwischenzeit Toastscheiben rösten. Schnitzel auf heißer Platte anrichten und im selben Bratenfett 4 Spiegeleier bereiten. Schnitzel damit belegen. Toast mit etwas Butter oder Margarine bestreichen, mit Salatblatt belegen und darauf Sardellenfilets, Kaviar und Räucherlachs verteilen, mit Zitronenstückchen garnieren. Kalbsschnitzel mit diesen Brötchen umlegen. Bratkartoffeln, Salate extra reichen.

Kalbskotelett „Italia"

Ein duftendes Essen für verwöhnte Gaumen

Zutaten für 4 Portionen:
4 Kalbskoteletts, Salz, Pfeffer, 1/2 Teel. Basilikum, 1 Eßl. Butter oder Margarine, 4 Käsescheiben, 1 Zwiebel, 1/2 Dose geschälte Tomaten, 1 Eßl. gehackte Petersilie.
Pro Portion ca. 340 Kalorien.

Die Kalbskoteletts mit Salz, Pfeffer und Basilikum einreiben. Das Fett in einer Pfanne erhitzen, das Fleisch darin auf jeder Seite 4 Minuten braten, auf eine feuerfeste Platte legen und je 1 Käsescheibe darauflegen. In den heißen Backofen geben und den Käse schmelzen lassen. Inzwischen die Zwiebel fein würfeln, im Bratfett gelb dünsten, die Tomaten mit dem Saft und die Petersilie dazugeben. Mit Salz und Pfeffer würzen, erhitzen und die Tomaten auf die Koteletts legen. Die Soße etwas einkochen und extra anrichten. Dazu Kräuterreis und grünen Salat essen.

Paprikasteaks

Nehmen Sie statt Paprikaschoten auch einmal Porree

Zutaten für 4 Portionen:
1 Schweinelende, Salz, milder Paprika, 2 Scheiben Räucherspeck, 2 Zwiebeln, 2 grüne Paprikaschoten, 1 Knoblauchzehe, 1 Eßl. Butter oder Margarine, 1/4 l saure Sahne.
Pro Portion ca. 430 Kalorien.

Die Schweinelende enthäuten, in 4 Stücke schneiden, flachklopfen, salzen und mit Paprika bestreuen. Räucherspeck, geschälte Zwiebeln und geviertelte, entkernte Paprikaschoten in Würfel schneiden und geschälten Knoblauch fein hacken. Die Fleischscheiben in heißes Fett legen, 5 Minuten braten und wieder herausnehmen. Im Bratfett zuerst Speckwürfel glasig werden lassen und dann Zwiebel- und Paprikawürfel 3 Minuten darin dünsten. Knoblauch, 1 Teelöffel Paprika und saure Sahne dazurühren, aufkochen und die Soße über die Steaks geben. Dazu Spätzle und Blattsalate reichen.

Lammrückensteaks

Der Frühling ist die beste Zeit für dieses Essen

Zutaten für 4 Portionen:
1 kg Lammrücken, schwarzer Pfeffer, 1 Knoblauchzehe, Salz, 1 Teel. Butter oder Margarine.
Pro Portion ca. 370 Kalorien.

Die feste Haut über der Fettschicht auf dem Rücken abziehen. Die Rückenknochen auslösen, das Fleisch zusammenrollen und mit Garn umwickeln. 4 oder 8 Scheiben schneiden (jede Scheibe muß mit Garn umbunden sein, damit sie beim Braten rund bleibt) und mit schwarzem Pfeffer bestreuen. Die Knoblauchzehe schälen, zerquetschen, mit einem Teelöffel Salz zerreiben und das Lammfleisch damit einreiben. Butter oder Margarine in einer Pfanne erhitzen und die Steaks darin braten (2 cm dicke Stücke, je Seite 3 bis 4 Min.).

Schinkensteaks mit Bananen

Für Feinschmecker, die wenig Zeit zum Kochen haben

Zutaten für 4 Portionen:
4 Scheiben gekochter Schinken à 125 g, 2 Eßl. Butter oder Margarine, 2 Eßl. Honig, 2 Bananen, 1 Weinglas Madeira, Sherry oder Malaga.
Pro Portion ca. 510 Kalorien.

Das Fett in einer Pfanne erhitzen, die Schinkenscheiben darin auf jeder Seite 1 Minute braten, mit 1 Eßlöffel Honig bestreichen und 2 bis 3 Minuten weiterbraten. Die Schinkensteaks auf einer warmen Platte anrichten. Bananen in Scheiben schneiden, mit dem restlichen Honig in das Bratfett geben, 2 Minuten braten und die Schinkensteaks damit garnieren. Den Bratensatz mit Madeira, Sherry oder Malaga loskochen und über das Fleisch gießen. Dazu schmecken Kartoffelpüree, grüne Erbsen und Karotten oder grüne Bohnen. Wer mag, ißt grünen Salat dazu.

Schweinefilet „orientalisch"

Servieren Sie dazu Weißwein oder kühles Bier

Zutaten für 4 Portionen:
1 Schweinefilet, 3 Eßl. Sherry oder Weinbrand, 1 gestrichener Teel. gemahlener schwarzer Pfeffer, 1 gestrichener Teel. Curry, 2 Zwiebeln, 2 Möhren, 1/2 Sellerieknolle, 2 Stangen Porree, Salz, 1 Eßl. Speisestärke, 2 Eßl. Butter oder Margarine, 3 Eßl. Sojasoße oder Suppenwürze, 1 Prise Zucker, 1 Tasse Hühnerbrühe (Würfel).
Pro Portion ca. 320 Kalorien.

Das Schweinefilet entsehnen, entfetten, in 1/2 cm dicke Scheiben schneiden und mit Sherry oder Weinbrand, Pfeffer und Curry gemischt 3 bis 4 Stunden stehen lassen. Zwiebeln, Sellerie und Möhren schälen und in dünne Scheiben schneiden. Porree auch in Scheiben schneiden, waschen und abtropfen lassen. Das Fleisch salzen, in Speisestärke umdrehen, in heißer Butter oder Margarine braten und wieder herausnehmen. Nun das Gemüse in das Bratenfett geben und kurz dünsten. Sojasoße, Zucker und Brühe hinzufügen, etwa 5 Minuten dünsten und das Fleisch daruntermischen. Sofort mit Reis essen.

Geflügelleber in Senfsoße

Sie können dafür auch jede andere Leber nehmen

Zutaten für 4 Portionen:
375 g Geflügelleber, 1 Eßl. Mehl, 1 gestrichener Teel. Aromat oder Fondor, 1 schwach gehäufter Teel. milder Paprika, 1 Zwiebel, 1 Eßl. Butter oder Margarine, 1 Eßl. milder Senf, 1/4 l saure Sahne, 1 Löffelspitze Thymian oder Majoran.
Pro Portion ca. 260 Kalorien.

Die Leber in 3 cm große Stücke schneiden. Das Mehl mit Aromat oder Fondor und Paprika vermischen und die Leberstücke darin wenden. Zwiebel schälen und fein hacken, Butter oder Margarine in einer Pfanne erhitzen, Leber und Zwiebeln hineingeben und braun braten. Dann Senf, Sahne, Thymian oder Majoran dazugeben und das Gericht nur einmal kurz aufkochen. Pikant abschmecken und dazu Reis, Kartoffelpüree oder Bratkartoffeln und grünen Salat servieren. Zur Leber paßt ein leichter Rotwein. Tip: An Stelle von Geflügelleber können Sie auch jede andere Leber nehmen.

Gebratene Lammkeule

Karotten- und Zwiebelwürfel zum Würzen mitbraten

**Zutaten für 6—8 Portionen:
ca. 1,5 kg Lammkeule,
Pfeffer, 2 Zehen Knoblauch,
Salz, 2 Eßl. Öl, 1 Karotte,
1 Zwiebel, 1/2 Teel. Thymian, 2 Teel. Tomatenmark,
Aromat oder Fondor,
1 Teel. Speisestärke.
Pro Portion ca. 570 Kalorien.**

Lammkeule mit weißem, feingemahlenem Pfeffer gut einreiben. Knoblauchzehen zerdrücken, mit Salz verreiben und damit die Lammkeule gut würzen. Das Öl erhitzen, die Lammkeule ringsum darin anbraten, in die vorgeheizte Backröhre bei ca. 220 Grad stellen und grobe Karotten- und Zwiebelwürfel zugeben. Die Hitze auf ca. 190 Grad zurückdrehen, die Keule in ca. 1 1/4 Stunden garen lassen. Zwischendurch einige Male mit Bratenfett übergießen. Zuletzt Thymian und Tomatenmark zugeben, etwas anrösten, mit ca. 3/8 l Brühe auffüllen. Streuwürze zugeben, mit etwas kalt angerührter Speisestärke binden. Die Soße durchseihen, servieren.

Mariniertes Schweineragout

Muß schon am Vortag vorbereitet werden!

Zutaten für 4 Portionen:
750 g Schweineschulter oder -keule, 1 Möhre, 3 Zwiebeln, 1 Lorberblatt, 2 Nelken, 1 Stück Zitronenschale, 1 gestrichener Teel. Kümmel, 1 gestrichener Teel. gemahlener weißer Pfeffer, 1/2 l herber Weißwein, 50 g Räucherspeck, 1 Eßl. Butter oder Margarine, Salz, 1 Eßl. Mehl, 1 Tasse Fleischbrühe.
Pro Portion ca. 700 Kalorien.

Das Schweinefleisch in Würfel schneiden und in eine Schüssel geben, dazu 1 geschälte Zwiebel und Möhre, Lorbeerblatt, Nelken, Zitronenschale, Kümmel, Pfeffer, Wein. Zudecken und 1 Tag in den Kühlschrank stellen. 2 geschälte Zwiebeln und Speck in erbsengroße Würfel schneiden. Das Fleisch aus der Marinade heben und etwas abtrocknen. Butter oder Margarine erhitzen, Speck- und Zwiebelwürfel darin anbraten, das Fleisch dazugeben, salzen und braun braten. Dann mit Mehl bestäuben und kurz weiterbraten. Fleischbrühe, Marinade, Zwiebel und Möhre dazugeben und zugedeckt etwa 1 1/2 Stunden schmoren. Mit Erbsen und Kartoffeln essen.

Ungarisches Gulasch

Nehmen Sie dazu ungarischen Paprika!

Zutaten für 4 Portionen: 750 g Rinderbug, 250 g Zwiebeln, 1 Eßl. Schmalz, Öl oder Biskin, 1 gehäufter Eßl. milder Paprika (edelsüß), 1 schwach gehäufter Teel. Salz, 1 Eßlöffel Tomatenmark, 1 Glas Rotwein, etwas Zitronenschale, 3/4 Teel. Kümmel, 1 gestrichener Teel. Majoran, 1/2 Knoblauchzehe. Pro Portion ca. 420 Kalorien.

Das Fleisch in 3 cm große Würfel schneiden. Die Zwiebeln schälen, in kleine Würfel schneiden und in Schmalz, Öl oder Biskin goldgelb dünsten. Paprika, Salz, Tomatenmark und Fleisch dazugeben und gut darunterrühren. Das Gulasch zudecken und auf schwacher Hitze etwa 1 1/2 Stunden dünsten, dabei den Rotwein nach und nach dazugießen. Inzwischen die Zitronenschale, Kümmel, Majoran und Knoblauch sehr fein hacken und 1/2 Stunde vor Ende der Garzeit zum Gulasch geben. Dazu viel Salat, Spätzle oder Salzkartoffeln essen. Und wenn ein Wein gewünscht wird, sollte es kräftiger Rotwein sein.

Hammelkoteletts „Provençale“

Mit grünen Bohnen und gerösteten Kartoffeln servieren

Zutaten für 4 Portionen:
750 g Hammelkoteletts, Salz, Pfeffer, 1 Eßl. Öl, 1 Teel. Butter oder Margarine, 2 Zwiebeln, 2 Knoblauchzehen, 1 Eßl. gehackte Petersilie, 1 Löffelspitze Thymian.
Pro Portion ca. 530 Kalorien.

Zubereitung: Aus dem Hammelfleisch 4 große oder 8 kleine Koteletts schneiden und mit Salz und Pfeffer würzen. Das Öl erhitzen, die Koteletts darin gar, aber nicht durchbraten, herausnehmen, Butter oder Margarine zum Bratenfett geben und darin feingehackte Zwiebeln gelb werden lassen und mit zerdrücktem Knoblauch, Petersilie und Thymian vermischen. Die Hammelkoteletts in dieser Würzmischung kurz ziehen lassen. — Am besten schmecken sie mit grünen Bohnen und gerösteten Kartoffeln.

Gefüllter Kalbsrücken

Ein sehr bekömmlicher Oster- oder Sonntagsbraten

Zutaten für 4 Portionen:
1 kg ausgelöster Kalbsrücken, etwas Butter, 2 Lorbeerblätter, 1 Teel. Pfefferkörner,
2 Rosmarinzweige, Salz, Pfeffer, 1 Zwiebel, 50 g Räucherspeck,
2 Scheiben Toastbrot ohne Rinde, 2 Eier, 50 g geschälte, geriebene Mandeln, 1 Eßl. gehackte Petersilie, $^1/_3$ l saure Sahne, 1 Teel. Speisestärke.
Pro Portion ca. 640 Kalorien.

Starke Alufolie einfetten und Lorbeerblätter, Pfefferkörner und Rosmarinzweige darauflegen. Das Fleisch mit Salz und Pfeffer einreiben und auf die Folie legen. Zwiebel und Räucherspeck würfeln und mit zerbröckeltem Toastbrot, Eiern, Mandeln und Petersilie gut vermischen. Auf das Fleisch streichen und die Folie so darüberschlagen, daß der Rücken aufgerollt ist. Das Folienpaket gut verschließen, auf einem Bratenblech bei 200 Grad im Backofen $1^1/_2$ Stunden garen. Fleisch anrichten, die Soße mit Sahne und Speisestärke verrühren und noch einmal kurz aufkochen.

Hammelrücken

Wer Knoblauch nicht mag, reibt mit Senf ein

Zutaten für 4 Portionen:
1 kg Hammelrücken,
2 Knoblauchzehen, Salz, Pfeffer, 2 Eßl. Öl, 1 Zwiebel, 1 Möhre, ¼ l Fleischbrühe.
Pro Portion ca. 710 Kalorien.

Die Lenden vom Rücken lösen, enthäuten und wieder daranlegen. Den Rücken fest mit Garn umwickeln und die Enden verknoten. Knoblauch schälen, zerreiben, mit Salz und Pfeffer mischen und das Fleisch damit einreiben. Öl im Bratentopf erhitzen, den Hammelrücken auf der Oberseite anbraten und bei 200 Grad in den Backofen geben. Zwiebel und Möhre nach 15 Minuten zum Braten geben. Das Fleisch nach 45 Minuten anrichten. Die Fleischbrühe zum Bratensatz rühren, Soße entfetten, aufkochen, durch ein Sieb gießen.

Kalbsleber „Berliner Art“

Sie können auch Schweine- oder Rindsleber verwenden

Zutaten für 4 Portionen:
4 Scheiben Kalbsleber,
2 Zwiebeln, 2 Äpfel, etwas Mehl, Butter oder Margarine zum Braten, Paprika, Salz.
Pro Portion ca. 200 Kalorien.

Zwiebeln und Äpfel schälen. Zwiebel in Streifen und entkernte Äpfel in Scheiben schneiden. Die Apfelscheiben in Mehl wenden. Butter oder Margarine erhitzen und Zwiebeln und Apfelscheiben darin hellbraun braten. Beides herausheben und heiß halten. Nun Leberscheiben mit Paprika bestreuen, in Mehl wenden und in die Pfanne legen. Von jeder Seite etwa 3 Minuten braten, mit Salz bestreuen und anrichten. Mit den Apfelscheiben und Zwiebeln garnieren. Dazu servieren Sie am besten Kartoffelbrei und frischen grünen Salat.

Kalbsnieren in Senfsoße

Auch Leber kann nach diesem Rezept zubereitet werden

Zutaten für 4 Portionen:
2 Kalbsnieren, Salz, Pfeffer, etwas Mehl, Butter oder Margarine,
1 Zwiebel, 1 Knoblauchzehe,
2 kleine Essiggurken,
1 Dose Champignons (125 g),
$^1/_4$ l süße Sahne, 1 gehäufter Eßl. Senf, 1 Teel. Speisestärke, 1 Eßl. Weißwein, $^1/_2$ Teel. Streuwürze, etwas schwarzer Pfeffer,
1 Eßl. Zitronensaft.
Pro Portion ca. 370 Kalorien.

Die Nieren in Scheiben schneiden, salzen, pfeffern und in Mehl wenden. Fett erhitzen, die Nieren darin hellbraun braten und wieder herausheben. Zwiebel und Knoblauchzehe schälen und fein schneiden. Zwiebel und Knoblauch ins Bratfett geben und glasig dünsten. Gurkenstreifen, Champignons und Sahne hinzufügen und die Soße 2 Minuten kochen. Speisestärke mit Senf und Weißwein verquirlen, dazurühren und aufkochen. Die Soße mit Aromat oder Fondor, Pfeffer und Zitronensaft abschmecken, die Nieren hineinlegen und darin erhitzen — nicht kochen.

Kalbshirn in brauner Butter

Dazu schmecken Kartoffelpüree und Endiviensalat

Zutaten für 4 Portionen:
250 g Kalbshirn, 1/4 l Wasser, 2 Zwiebeln, 1 Lorbeerblatt, 1/2 Teel. Pfefferkörner, 2 Eßl. Essig, 1/2 Teel. Salz, 4 Tomaten, 1 Eßl. Butter oder Margarine, 2 Teel. Kapern, Pfeffer, Thymian, 1 Eßl. Butter.
Pro Portion ca. 190 Kalorien.

Das Kalbshirn enthäuten. Wasser mit 1 geschälten Zwiebel, Lorbeerblatt, Pfefferkörnern, Essig und Salz aufkochen. Das Kalbshirn darin 8 Minuten ziehen lassen, herausheben und in große Stücke teilen. Tomaten kurz in kochendes Wasser tauchen, abziehen, halbieren, entkernen und in Würfel schneiden. Die zweite Zwiebel schälen, fein hacken und in Butter oder Margarine gelblich dünsten. Tomaten und Kapern dazugeben und mit Salz, etwas Pfeffer und Thymian bestreuen. Das in Stücke geschnittene Hirn hinzufügen und 3 bis 4 Minuten dünsten. Anrichten und mit heißer gebräunter Butter übergießen.

Kalbsbries in Ei

Kalbsbries sollten Sie rechtzeitig beim Fleischer bestellen

Zutaten für 4 Portionen:
1 kleine Zwiebel, 1 Lorbeerblatt, 1/2 Teel. Pfefferkörner, Salz, 2 Eßl. Essig, 250 g Kalbsbries, etwas Mehl, Pfeffer, 1 Ei, 1 Eßl. Butter.
Pro Portion ca. 125 Kalorien.

1/4 l Wasser mit der geschälten Zwiebel, dem Lorbeerblatt, Pfefferkörnern, etwas Salz und Essig aufkochen. Das Kalbsbries hineinlegen, 10 Minuten ziehen lassen, wieder herausheben und in Scheiben schneiden. Mit Salz und Pfeffer bestreuen und in Mehl wenden. Ei verquirlen, Butter in einer Pfanne erhitzen. Die Kalbsbriesscheiben ins Ei tauchen, in die Pfanne legen und von beiden Seiten kurz braten. Dazu in Butter geschwenktes Mischgemüse servieren. Nach Geschmack evtl. fertige Bratensoße dazugeben. Tip: Kalbsbries ist nicht immer erhältlich. Machen Sie Ihre Bestellung beim Fleischer rechtzeitig.

Schweinerücken mit Ananassoße

Reste für Aufschnitt in dünne Scheiben schneiden

Zutaten für 4 Portionen:
1 kg Schweinebraten aus dem Rücken, Salz, 2 Eßl. Öl, 1 Zitrone, 1 Dose Ananas in Stücken (500 g), 2 Eßl. Zucker, 1 Zwiebel, 2 Knoblauchzehen, 1/4 Tasse Weinessig, 1 Eßl. Sojasoße, 2 Teel. milder Paprika, 1 gestrichener Eßl. Speisestärke.
Pro Portion ca. 720 Kalorien.

Das Fleisch mit Salz einreiben. Öl in einer Kasserolle erhitzen und das Fleisch darin ringsum 25 Minuten braten. Inzwischen die Zitrone schälen und entkernen. Zitrone und Ananas (mit Saft!) im Mixer pürieren, Zucker hinzufügen. Zwiebel und Knoblauchzehen schälen, fein hacken und mit Weinessig, Sojasoße, Paprika, Speisestärke und Ananaspüree mischen. Nach und nach über den Schweinebraten gießen und dabei noch eine Stunde weiterbraten. Zu Kartoffelpüree und Ananas-Sauerkraut servieren.

Schweinelende mit Backpflaumen

Ein Braten für alle, die wenig Zeit haben

Zutaten für 4 Portionen:
1 Schweinelende (750 g), 1/4 l Weißwein, 1 Eßl. Zucker, Saft von 1 Zitrone, 3 Nelken, 1 Teel. Pfefferkörner, 250 g Backpflaumen, Salz, Pfeffer, 1 Eßl. Margarine, 1 Zwiebel.
Pro Portion ca. 490 Kalorien.

Die Schweinelende enthäuten und längs bis zur Mitte einschneiden. Weißwein mit Zucker, Zitronensaft, Nelken, Pfefferkörnern und Backpflaumen 10 Minuten kochen. Die Pflaumen herausheben, etwas abkühlen lassen, entkernen und in die Schweinelende legen. Das Fleisch mit Garn umwickeln, mit Salz und Pfeffer einreiben, in Margarine anbraten. Zwiebel würfeln und zum Fleisch geben, das nach 30 Minuten Bratzeit gar ist. Dann den Weinsud dazugießen und aufkochen. Das Fleisch hübsch anrichten, die Soße durch ein Sieb in eine Sauciere gießen.

Hammel-Bohnen-Eintopf

Hammelfleisch schmeckt am besten sehr heiß

Zutaten für 4 Portionen:
750 g Hammelfleisch vom Nacken, 3 Zwiebeln, 3 Knoblauchzehen, 3 Eßl. Öl, Pfeffer, Salz, 1 Lorbeerblatt, 2 Nelken, 3/4 l Fleischbrühe, 2 Pakete tiefgekühlte Brechbohnen, etwas Bohnenkraut, 2 gestr. Eßl. Speisestärke,
750 g Kartoffeln.
Pro Portion ca. 855 Kalorien.

Hammelfleisch in 3 cm große Würfel schneiden. Zwiebeln schälen und würfeln, Knoblauchzehen zerquetschen. Öl im Schmortopf erhitzen, zuerst Zwiebelwürfel, dann Fleisch darin andünsten. Knoblauch, Pfeffer, Salz, Lorbeerblatt, Nelken und Fleischbrühe zugeben und im geschlossenen Topf 1 Stunde kochen. Unaufgetaute Bohnen mit Bohnenkraut dazugeben und noch 20 Minuten kochen. In Wasser angerührte Speisestärke zugießen und noch einmal aufkochen. Dazu Salzkartoffeln servieren. Oder die Kartoffeln — in Stücke geschnitten — 25 Minuten vor Beendigung der Garzeit hinzufügen.

Französisches Hammelragout

Ein Gericht, das wenig Arbeit macht und prima schmeckt

**Zutaten für 4 Personen:
750 g Hammelschulter und -nacken, Salz, Pfeffer, 2 Knoblauchzehen, 1/2 Teel. Puderzucker, knapp 2 Eßl. Mehl, 4 Eßl. Tomatenmark, 3/4 l Fleischbrühe, 2 Zwiebeln, 2 weiße Rüben, 750 g Kartoffeln, 1 Tasse grüne Erbsen.
Pro Portion ca. 755 Kalorien.**

Hammelschulter und -nacken in 3 cm große Stücke schneiden. Ohne Fett in einen Topf geben und von allen Seiten kurz anbraten. Mit Salz, Pfeffer und Puderzucker bestreuen, zerquetschte Knoblauchzehen hinzufügen und kurz weiterbraten. Dann das Mehl darüberstreuen und verrühren, Tomatenmark und Fleischbrühe dazugeben und das Fleisch 30 Minuten kochen. Inzwischen Zwiebeln, weiße Rüben und Kartoffeln schälen und in Stücke schneiden. Zum Fleisch geben, das Gericht noch eine Stunde kochen; zum Schluß die Erbsen darin erhitzen.

Geschmorte Kalbshaxe

Kalbshaxe im Grill braucht 2 Stunden Garzeit

Zutaten für 4 Portionen:
1 Kalbshaxe (etwa 1 kg),
Salz, Pfeffer, Basilikum,
2 Eßl. Butterschmalz,
1 Zwiebel, 1 Möhre,
1 Eßl. Tomatenmark,
1 Glas Weißwein,
2 Eßl. saure Sahne.
Pro Portion ca. 480 Kalorien.

Die Kalbshaxe mit Salz, Pfeffer und Basilikum einreiben. Butterschmalz in einem Schmortopf erhitzen und die Kalbshaxe darin von allen Seiten braun anbraten. Zwiebel und Möhre schälen, in Stücke schneiden, zum Fleisch geben und kurz mitbraten. Tomatenmark hinzufügen, Weißwein zugießen und die Haxe zugedeckt in etwa $1^1/_2$ Stunden gar schmoren. Die Soßenmenge knapp halten, wenn nötig heißes Wasser hinzugießen. Die Kalbshaxe anrichten, die Soße durch ein Sieb streichen und mit der Sahne aufkochen. Dazu Erbsen, Grilltomaten, Salzkartoffeln und frischen Salat servieren.

Kalbskopf mit Vinaigrette

Ein preiswertes Gericht — und dennoch eine Delikatesse

**Zutaten für 4 Portionen:
1 kg Kalbskopffleisch, 1 Zwiebel, 1 Möhre, 1 Lorbeerblatt, einige Pimentkörner, etwa 1 Teel. Salz, 1 Glas Weißwein. — Vinaigrette: 2 hartgekochte Eier, 1 Zwiebel, 1 Eßl. gehackte Petersilie, 4 Eßl. Weinessig, 6 Eßl. Öl, 1 Teel. Senf, etwas Salz und weißen Pfeffer.
Pro Portion ca. 630 Kalorien.**

Ca. 3/4 l Wasser zum Kochen bringen, das Fleisch darin aufkochen, in ein Sieb schütten und mit kaltem Wasser überbrausen. Dann in 3 cm große Würfel schneiden und wieder in den Kochtopf geben. Geschälte Zwiebel und Möhren, Lorbeerblatt, Pimentkörner, Salz und Wein dazugeben und so viel heißes Wasser hinzufügen, daß das Fleisch knapp bedeckt ist. Aufkochen und zugedeckt bei schwacher Hitze in 1 Stunde gar kochen. Für die Soße Eier und geschälte Zwiebel würfeln und mit Petersilie, Essig, Öl und Senf mischen. Salzen, pfeffern und zum Fleisch anrichten. Dazu Kartoffeln und Salat reichen.

Kalbfleischklößchen in Weißweinsoße

Schnell zubereitet und delikat

Zutaten für 4 Portionen:
2 Paar rohe Kalbsbratwürste, 2 Eier, 1 Löffelspitze Curry, etwas feingehackte Zwiebeln, $^3/_8$ l Fleischbrühe, 1 Eßl. Butter, 1 Zwiebel,
2 Essiggurken, 1 rote Paprikaschote, 1 Eßl. Kapern, 1—2 Eßl. Speisestärke, $^1/_8$ l süße Sahne, 1 Glas Weißwein.
Pro Portion ca. 640 Kalorien.

Bratwurstfleisch mit den Eiern gut verrühren, mit Curry und Zwiebeln vermischen. In die heiße, nicht kochende Fleischbrühe mit einem Teelöffel abgestochene Klößchen einlegen, in ca. 5 Minuten gar ziehen lassen. Fett erhitzen, Zwiebelwürfel gelblich schwitzen, Gurkenscheiben, Paprikawürfel und Kapern zugeben, einige Minuten dünsten. Danach mit der Fleischbrühe, ohne die Klößchen, auffüllen. Die Speisestärke mit Sahne und Weißwein anrühren und die Fleischbrühe damit binden, aufkochen lassen, Klößchen einlegen, nicht mehr kochen lassen, abschmecken.

Kalbszunge mit Champignonsoße

Ein Sonntagsessen für Feinschmecker

Zutaten für 4 Portionen:
1 frische Kalbszunge, Salz, 1 kleine Zwiebel, 2 Nelken, 1 Lorbeerblatt, $^1/_2$ Teel. Pfefferkörner, 1 Eßl. Butter oder Margarine, 1 Zwiebel, $^1/_2$ Dose Champignons, weißer gemahlener Pfeffer, 1 Beutel oder Päckchen Bratensoße, etwas Rot- oder Weißwein.
Pro Portion ca. 310 Kalorien.

In hohem Topf 1 l Wasser zum Kochen bringen, salzen, Zunge einlegen, Zwiebel mit Lorbeerblatt und Nelken bestecken, zusammen mit Pfefferkörnern ca. 1 Stunde kochen. Die Zunge ist gar, wenn sich die Zungenspitze leicht eindrücken läßt. Zwiebelwürfel in Fett gelb andünsten, Champignonscheiben zugeben, mit Pfeffer würzen und mit angerührtem Soßenpulver (die Champignonbrühe mitverwenden) sowie etwas Wein ablöschen und aufkochen lassen. Die weiße Haut der garen Zunge abziehen, die Zungenscheiben in der Soße kurz ziehen lassen.

Jägerschnitzel

Zur Pilzzeit schmecken Jägerschnitzel erst richtig

Zutaten für 4 Portionen:
4 Schnitzel, Salz, Pfeffer, etwas Mehl, 2 Eßl. Öl, 1 Eßl. Butter oder Margarine, 1 Zwiebel, 1 Knoblauchzehe, 250 g frische Pfifferlinge oder Mischpilze, 1 Teel. milder Paprika, 1/4 l saure Sahne, 1 Teel. Speisestärke, 1 Würfel Bratensaft, 1/8 l Wasser, gehackte Petersilie.
Pro Portion ca. 630 Kalorien.

Schnitzel wie üblich braten und herausnehmen. Zwiebelwürfel im Bratenfett gelblich werden lassen, zerdrückten Knoblauch und die Pilze kurz anbraten. Paprika, die saure, mit Speisestärke verrührte Sahne, Bratensaft und Wasser zufügen und ca. 3 Minuten kochen lassen. Schnitzel nochmals kurz in diese Soße legen, anrichten und mit gehackter Petersilie bestreuen. Tip: Sind keine frischen Pilze erhältlich, so können Pilze aus der Dose verwendet werden. Das Jägerschnitzel kann außerdem durch Zugabe von gehackten Essiggurken oder gewürfelten Paprikaschoten verändert werden. Als Beilagen: Spätzle, Kartoffelpüree oder Salzkartoffeln.

Haschee mit Pilzen

Pikante Variation mit Hackfleisch

Zutaten für 4 Portionen:
50 g roher Schinken, 1 Eßl. Butter oder Margarine, 2 Zwiebeln, 350 g gemischtes Hackfleisch, 250 g frische Steinpilze, 1 Teel. milder Paprika, 1 Beutel oder Päckchen Tomatensoße, 1 Eßl. gehackte Petersilie.
Pro Portion ca. 360 Kalorien.

Gewürfelten Schinken in Fett glasig auslassen, Zwiebelwürfel darin gelblich werden lassen. Das Hackfleisch und die gewaschenen, grobgehackten Steinpilze zugeben und gut anbraten, dabei mit einer Gabel etwas zerteilen. Den Paprika zu dem angebratenen Hackfleisch geben, Soßenpulver und 1/4 l Wasser verrühren, zum Fleisch in die Pfanne geben, 1 Minute kochen lassen und zuletzt gehackte Petersilie untermischen. Das Haschee pikant abschmecken und mit Teigwaren oder Kartoffelpüree servieren. Tip: Das Haschee kann auch zum Füllen von Pfannkuchen und Omeletts verwendet werden.

Schweinebraten mit Kastanien und Rotkraut

Geschätzte Hausmannskost für kalte Tage

**Zutaten für 4 Portionen:
750 g Schweinekeule mit Schwarte, Salz, Pfeffer, $^1/_8$ l Wasser, 1 Zwiebel, 1 Karotte, 1 Eßl. Zucker, 500 g Eßkastanien, $^1/_2$ Eßl. Butter oder Margarine, 1 Zwiebel, 2 Äpfel, 1 kleiner Kopf Rotkraut, 1 Lorbeerblatt, 2 Nelken, $^1/_4$ l Fleischbrühe (Würfel), 3—4 Eßl. Himbeersaft, 3—4 Eßl. Essig, 2 Teel. kalt angerührte Speisestärke.
Pro Portion ca. 910 Kalorien.**

Schweinekeule würzen, mit der Schwarte nach unten in die mit $^1/_8$ l heißem Wasser gefüllte Pfanne legen. 5 Minuten kochen, herausnehmen, Schwarte rautenförmig einritzen. Braten unter häufigem Begießen in etwa $1^1/_4$ Stunden in der Röhre garen. Zwiebel- und Karottenwürfel nach halber Garzeit zugeben. Kastanien einritzen, in Salzwasser aufkochen, schälen. Zucker karamellisieren, Kastanien, Salz und Wasser zugeben, 10 Minuten dünsten. Rotkraut: Zwiebel- und Apfelscheiben dünsten, feingeschnittenes Rotkraut zugeben, würzen, Fleischbrühe auffüllen, garen. Mit Himbeersaft und Essig würzen und mit Speisestärke binden.

Wiener Beuscherl

Kleiner Preis — großer Nährwert

Zutaten für 4 Portionen: 250 g Kalbslunge, 1 Kalbsherz, 1 Zwiebel, mit Lorbeerblatt und 2 Nelken besteckt, 1 Löffelspitze Thymian, 1 Karotte, etwas Sellerie, Salz, Saft 1 Zitrone, 3 Eßl. Fett, 2 große feingewürfelte Zwiebeln, 2 Eßl. Mehl, 1 Teel. Zucker, 1 Eßl. Senf, 2 Essiggurken, 1 Knoblauchzehe, 1/2 Bund Petersilie, alles fein hacken. Pro Portion ca. 480 Kalorien.

Lunge und Herz, die gespickte Zwiebel, Thymian, Karotte und Sellerie in einen Topf geben, mit reichlich kochendem Wasser übergießen, salzen und 1/2 Stunde auf kleiner Flamme kochen lassen. Danach die Lunge wenden, eine weitere halbe Stunde kochen, herausnehmen, in kaltes Wasser legen. Das Kalbsherz weiterkochen, bis es gar ist. Zwiebelwürfel in Fett hell andünsten, Mehl und Zucker zugeben, hellbraun rösten. Etwas abkühlen lassen, mit gut 1/2 l Kochbrühe auffüllen. Soße etwa 20 Minuten kochen, feingeschnittenes Herz und Lunge zugeben, kurz durchkochen; mit den restlichen Zutaten abschmecken.

Schweinebauch mit Apfelsauerkraut

Ein besonders vitaminreicher „Eintopf“

Zutaten für 4 Portionen:
500 g gesalzener Schweinebauch, je 1 Teel. Pfefferkörner, Wacholderbeeren, Salz, 1 Lorbeerblatt, 750 g neues Sauerkraut (oder 1/1-Dose), 1/2 l Weißwein, 1/2 Eßl. Butter oder Margarine, 1 Zwiebel, 3 Äpfel.
Pro Portion ca. 710 Kalorien.

Schweinebauch mit zerdrückten Pfefferkörnern, Wacholderbeeren, Salz und zerdrücktem Lorbeerblatt gut würzen. Das Sauerkraut lockern, in einen hohen Topf geben, mit dem Weißwein übergießen. Den Schweinebauch einlegen, mit Sauerkraut gut bedecken. Bei zugedecktem Topf ca. 1 1/2 Stunden auf dem Herd oder in der Röhre garen. Zwiebelstreifen in Fett hellgelb werden lassen, Apfelspalten zugeben, 2—3 Minuten dünsten und zuletzt unter das Sauerkraut mischen. Den Schweinebauch aufschneiden, auf dem Apfelsauerkraut anrichten und dazu Kartoffelpüree oder auch Salzkartoffeln reichen.

Pariser Schnitzel

Ohne Erbsen sogar als Schonkost erlaubt

Zutaten für 4 Portionen:
4 Kalbsschnitzel à ca. 125 g, Salz, Pfeffer, Mehl, 2 Eßl. Butter oder Margarine, 3 Eier, 1 Eßl. gehackte Kräuter.
Pro Portion ca. 330 Kalorien.

Kalbsschnitzel salzen und pfeffern, in Mehl wenden. In einer flachen Pfanne langsam Fett erhitzen. Schnitzel einlegen und auf beiden Seiten in ca. 5 Minuten gar braten, herausnehmen. Eier verquirlen, mit etwas Salz und Pfeffer würzen und die gehackten Kräuter zugeben. In einer leicht gefetteten mit Kunststoff beschichteten Pfanne 4 dünne Eierkuchen braten (Eimasse ohne Mehl). In jeden Eierkuchen 1 Schnitzel einrollen. Auf heißer Platte anrichten, mit dem Bratenfett begießen und mit Tomaten garnieren. Als Beilage: grüne Erbsen und Salzkartoffeln.

Bratwurst in Bier

Ein herzhafter Imbiß — schnell zubereitet

Zutaten für 4 Portionen:
1/2 l dunkles Bier, 1 Lorbeerblatt, 2 Nelken, 5—6 Pfefferkörner, 4 Paar rohe Bratwürste, 1 Eßl.
Butter oder Margarine, 2 Zwiebeln, 1 Beutel oder Päckchen Bratensoße, 1—2 Eßl. Essig.
Pro Portion ca. 650 Kalorien.

Zubereitung: Das Bier mit Lorbeerblatt, Nelken und Pfefferkörnern zum Kochen bringen, darin die rohen Bratwürste ca. 5 Minuten ziehen lassen. Die Bratwürste in dem Fett auf beiden Seiten braun braten, herausnehmen, die Zwiebelwürfel anschwitzen, mit dem Bier ablöschen, etwas einkochen lassen und das mit ganz wenig kaltem Wasser verrührte Soßenpulver einrühren, die Soße durchkochen lassen, mit Essig abschmecken und zu den Bratwürsten servieren. Beilagen: Kartoffelpüree — aus Püreepulver oder -flocken bereitet — und Salat.

Rinder-Karbonaden

Dazu schmecken Kartoffelpüree, Risotto oder Teigwaren

Zutaten für 4 Portionen:
4 Rindersteaks aus der Rinderhüfte geschnitten, Salz, Pfeffer, 2 Eßl. Fett, 4 große Zwiebeln, $^3/_8$ l dunkles Bier, $^1/_2$ Teel. Streuwürze, 1 Lorbeerblatt, 5—6 Pfefferkörner, 1 Päckchen oder Beutel Bratensoße, $^1/_8$ l Wasser.
Pro Portion ca. 550 Kalorien.

Zubereitung: Die Steaks mit Salz und Pfeffer würzen und in Fett auf beiden Seiten gut anbraten. Die Steaks herausnehmen und in dem Fett Zwiebelstreifen bräunlich werden lassen. Die Steaks wieder dazugeben, mit Bier, Aromat oder Fondor, Lorbeerblatt und Pfefferkörnern auffüllen und zugedeckt ca. $1^1/_2$ Stunden schmoren lassen. Danach mit der Bratensoße, mit kaltem Wasser angerührt, aufkochen lassen. Als Beilagen passen Kartoffelpüree, Salzkartoffeln, Risotto oder Teigwaren und Salat dazu.

Rumpsteaks mit feinen Gemüsen

Englische Art: nur 2½ bis 3 Minuten je Seite braten

Zutaten für 4 Portionen:
4 Rumpsteaks, Salz, Pfeffer, 2 Eßl. Öl, 1 Packung buntes Gemüse, ½ Eßl. Butter oder Margarine.
Pro Portion ca. 360 Kalorien.

Die Rumpsteaks würzen und in dem Öl auf beiden Seiten braten. Das Gemüse mit wenig Flüssigkeit, Fett und Salz nach Vorschrift garen, die Steaks damit garnieren und Pommes frites (Tiefkühlware) dazu reichen. Etwas erhitzte Sauce Béarnaise aus der Dose oder eine pikant abgeschmeckte Kräuterbutter auf die Steaks geben. Tip: Soll das Rumpsteak englisch zubereitet sein, so wird es auf jeder Seite ca. 2½—3 Minuten gebraten, im anderen Fall erhöht sich die Bratzeit etwa auf das Doppelte.

Kalbssteaks mit Estragon

Salatgemüse aus der Tiefkühltruhe: eine gute Ergänzung

Zutaten für 4 Portionen:
4 Kalbssteaks, Salz, Pfeffer, etwas Mehl, 1 Eßl. Butter oder Margarine, 1 Zwiebel, 1 Teel. Estragon, 1 Beutel oder Päckchen Bratensoße, Saft ½ Zitrone.
Pro Portion ca. 340 Kalorien.

Die Kalbssteaks würzen, mit etwas Mehl überstäuben und in Fett gar braten. Die Steaks warm stellen, Zwiebelwürfel in der Pfanne anschwitzen. Estragon und das nach Vorschrift angerührte Soßenpulver zugeben, aufkochen lassen, mit etwas Zitronensaft abschmecken und die Steaks mit dieser Soße übergießen. Als Beilagen Kartoffeln aus der Dose sowie Salatgemüse aus der Tiefkühltruhe reichen. Das Gemüse mit italienischer Salatsoße anmachen.

Paprika-Nieren-Ragout

Ein preiswertes und herzhaftes Gericht

Zutaten für 4 Portionen:
3—4 Schweinenieren,
1 Beutel Gulaschka (Gewürzmischung mit Zwiebeln), 2 grüne Paprikaschoten, $^1/_4$ l Wasser, 1 Eßl. Butter, Salz, Pfeffer, $^1/_8$ l saure Sahne, eventuell 1—2 Teel. Speisestärke.
Pro Portion ca. 270 Kalorien.

Gulaschka-Gewürzmischung mit Paprikastreifen und Wasser ca. 15 Minuten kochen. In dem Fett die zuvor entsehnten und geschnittenen Nieren gut anbraten und zuletzt leicht würzen. Die Gulaschka-Soße mit saurer Sahne, eventuell mit Speisestärke verrührt, verfeinern, die Nieren zugeben und nicht mehr kochen lassen. Als Beilage hierzu können Sie entweder Butterreis oder Kartoffelpüree (Fertigprodukt) reichen.

Cordon bleu

Emmentaler Käse schmeckt gut als Füllung

Zutaten für 4 Portionen:
4 dicke Kalbsschnitzel (vom Metzger zum Füllen vorbereiten lassen), Salz, Pfeffer, 2 Scheiben gekochter Schinken, 2 Scheiben Emmentaler Käse, Mehl, 1 Ei, Paniermehl, 2 Eßl. Pflanzenöl, 1 Eßl. Butter.
Pro Portion ca. 375 Kalorien.

Die Kalbsschnitzel innen und außen leicht salzen und pfeffern und mit je 1/2 Scheibe Schinken und Käse füllen. Diese vorbereiteten Schnitzel zuerst in Mehl, verquirltem Ei und danach in Paniermehl wenden und in Öl und Butter unter öfterem Begießen langsam braten, dabei mehrmals mit Fett begießen. Als Beilagen passen Röstkartoffeln oder Pommes frites mit Gemüsen oder eine Salatplatte.

5-Minuten-Kalbsrahmgulasch

Dazu Spätzle, die als Fertigprodukt erhältlich sind

Zutaten für 4 Portionen:
350 g Kalbfleisch aus der Keule, 1 Eßl. Öl, 1/2 Eßl. Butter, 1 Zwiebel, Salz, Pfeffer, 1 Teel. milder Paprika, 1 Teel. Mehl, 1/4 l saure Sahne, 2—3 Eßl. Sangrita oder Tomaten-Ketchup.
Pro Portion ca. 270 Kalorien.

Das Fleisch in dünne Blättchen schneiden. In erhitztem Öl und Fett Zwiebelwürfel hell anschwitzen, das Fleisch zugeben, kurz anbraten, zuletzt salzen und pfeffern und herausnehmen. In der Pfanne Paprika und Mehl kurz verrühren, mit Sahne ablöschen, aufkochen und das in Fett angebratene Fleisch zugeben, aber nicht mehr kochen lassen. Mit Sangrita herzhaft abschmecken. Als Beilagen Spätzle und Salat reichen.

Filetsteaks mit Kräuterbutter

Je mehr Kräuter, um so würziger die Butter

Zutaten für 4 Portionen:
4 abgehangene Filetsteaks, je ca. 150 g, 4 Eßl. Pflanzenöl, Salz, Pfeffer, 4 Teel. Butter, 2 Teel. gehackte Kräuter, je 1 Löffelspitze Aromat oder Fondor, scharfer Paprika, Pfeffer und Zwiebelsalz.
Pro Portion ca. 345 Kalorien.

Die Filetsteaks bis zum Braten in Öl legen, in einer Pfanne etwas Öl erhitzen, die gesalzenen und gepfefferten Steaks auf beiden Seiten rasch anbraten, damit sich die Fleischporen schließen, und bei geringer Hitze fertigbraten (bei 2 cm Fleischdicke ca. 7 bis 8 Minuten, das Fleisch ist dann englisch, das heißt, nicht zu durchgebraten). Unter die Butter mit einer Gabel Kräuter, Aromat oder Fondor, Paprika, Pfeffer und Zwiebelsalz mischen und mit Butterbrettchen Kugeln formen. Als Beilagen die Kräuterbutter, Pommes frites oder Röstkartoffeln und Gemüse oder Salate.

Gebratener Kaninchenrücken

Kaninchen gibt es „rund ums Jahr"

Zutaten für 4 Portionen:
1 Kaninchenrücken und 1 Kaninchenleber, Salz, Pfeffer, milder Paprika, 1 Eßl. Butter oder Margarine, 1/4 l süße Sahne.
Pro Portion ca. 390 Kalorien.

Den Kaninchenrücken enthäuten und mit Salz, Pfeffer und etwas mildem Paprika einreiben. Das Fett in einer Pfanne zerlassen, den Kaninchenrücken darin auf der Fleischseite gut anbraten, auf die Knochenseite legen und dann für 30 Minuten in den Backofen (220 Grad) geben. In dieser Zeit ab und zu mit dem Bratfett übergießen. Die Kaninchenleber auch mit Salz, Pfeffer und Paprika würzen und mit der Sahne zum Braten geben. Nun noch 5 Minuten weiterbraten und dabei mit der Soße übergießen. Dazu Birnen mit Kompott aus roten Johannisbeeren essen.

Kaninchenkeulen auf bürgerliche Art

Lassen Sie Ihre Gäste raten, was Sie hier servieren

Zutaten für 4 Portionen:
2 Kaninchenkeulen, Salz, Pfeffer, etwas Mehl, 50 g Räucherspeck, 2 Zwiebeln, 2 Möhren, 1 Glas Weißwein, 1/2 Bund Petersilie.
Pro Portion ca. 250 Kalorien.

Kaninchenkeulen mit Salz und Pfeffer würzen und in etwas Mehl wenden. Speck in Streifen schneiden, Zwiebeln und Möhren schälen und die Zwiebeln auch in Streifen, die Möhren in Scheiben schneiden. Speck im Schmortopf glasig werden lassen, die Kaninchenkeulen 2 bis 3 Minuten darin braten und dabei mit dem Speckfett begießen. Dann Zwiebeln und Möhren hinzugeben und zugedeckt bei 220 Grad 40 Minuten im Backofen braten. Die Kaninchenkeulen mit den Gemüsen anrichten. Den Bratensatz schnell mit Weißwein loskochen und darübergießen. Mit Petersilie bestreut zu Kartoffelbrei essen.

Rehkeule mit Sahnesoße

Ein Glas Rotwein zum Ablöschen verfeinert die Soße

Zutaten für 4 Portionen:
ca. 1 kg Rehkeule, 3—4 Speckscheiben, Salz, Pfeffer, 3—4 zerdrückte Wacholderbeeren, 4 Eßl. Pflanzenöl, 1 Zwiebel, 1 Glas Rotwein, $^1/_4$ l süße Sahne, 1 Beutel oder Päckchen Bratensoße.
Pro Portion ca. 760 Kalorien.

Die Rehkeule enthäuten, nach Wunsch mit fetten Speckstreifen spicken oder mit Speckscheiben belegen und diese mit Holzspießen feststecken, würzen und in Fett ringsum anbraten. In der Backröhre bei ca. 200 Grad ca. $1^1/_4$ Stunden braten. Nach 15 Minuten Bratzeit grobe Zwiebelwürfel zufügen, nach weiteren 15 Minuten mit etwas Rotwein ablöschen. Kurz vor Ende der Bratzeit die Keule mit der Sahne begießen. Die Keule etwas ruhen lassen, danach aufschneiden. Den Bratensatz mit dem nach Vorschrift angerührten Soßenpulver verkochen, durchseihen und zu dem Fleisch reichen. Halbe Kompottbirnen, mit Preiselbeeren gefüllt, sowie Spätzle dazu servieren.

Gerollte Rehschulter mit Champignons

Wild ist vitaminreich und fettarm

Zutaten für 4 Portionen:
750 g Rehschulter ohne Knochen, 1/2 Dose Champignons, 1 Eßl. gehackte Petersilie, Salz, Pfeffer, 4 Scheiben Räucherspeck, 1 Eßl. Butter oder Margarine, 1 Zwiebel, 1 Möhre, 1 Lorbeerblatt, 3 oder 4 Wacholderbeeren, 1 Glas Rotwein, etwas Speisestärke.
Pro Portion ca. 395 Kalorien.

Die abgetropften Champignons mit der Petersilie vermischen. Das Rehfleisch mit Salz und Pfeffer einreiben, mit den Champignons belegen, aufrollen, mit den Speckscheiben umlegen und mit Garn umwickeln. Die Rehschulter im erhitzten Fett anbraten und dann im Backofen bei 200 Grad etwa 1 1/4 Stunden braten. Zwiebel und Möhre würfeln und nach 1/4 Stunde mit Lorbeerblatt und zerdrückten Wacholderbeeren zum Braten geben. Die fertige Rehschulter anrichten, den Bratensatz schnell mit etwas Rotwein und Wasser loskochen, durch ein Sieb geben und mit kalt angerührter Speisestärke aufkochen.

Rehragout mit frischen Pfifferlingen

Feinschmecker verfeinern mit saurer Sahne

Zutaten für 4 Portionen:
750 g Rehragout, Salz, Pfeffer, etwas Mehl, 50 g Räucherspeck, 2 Zwiebeln, 1 Glas Rotwein, 1/2 l Fleischbrühe, 250 g frische Pfifferlinge, 1 Eßl. Butter oder Margarine, 1 Eßl. gehackte Petersilie.
Pro Portion ca. 340 Kalorien.

Das Ragoutfleisch mit Salz und Pfeffer würzen und mit Mehl bestäuben. Räucherspeck und die geschälten Zwiebeln fein würfeln. Räucherspeck in einer Pfanne auslassen, das Ragoutfleisch darin anbraten, Zwiebelwürfel und 1 Eßlöffel Mehl zugeben, kurz weiterbraten und dann Rotwein und Fleischbrühe dazugießen. Zudecken und 1 1/4 Stunden leise schmoren lassen. Die Pfifferlinge putzen, waschen und kurz in Butter oder Margarine braten. In der letzten Viertelstunde im Rehragout mitkochen. Petersilie untermischen, zu Preiselbeeren und Nudeln servieren.

Hasenrücken mit Bananen

Eine pikante Note geben die gebratenen Bananenhälften

Zutaten für 4 Portionen:
1 Hasenrücken, 50 g frischer fetter Speck, Salz, Pfeffer, 3—4 zerdrückte Wacholderbeeren, 1 Eßl. Butter oder Margarine, 1 Zwiebel, 1/4 Sellerie, 1 Karotte, 1 Glas Rotwein, 1/4 l saure Sahne, 1—2 Teel. Speisestärke, 3—4 Bananen.
Pro Portion ca. 650 Kalorien.

Den Rücken enthäuten, mit Speckstreifen spicken und würzen. In einer Kasserolle das Fett zerlassen, gewürfeltes Gemüse darin anschwitzen, den Hasenrücken darauflegen und bei 225 Grad ca. 30 Minuten braten, gegen Ende der Bratzeit mit Rotwein ablöschen und mit Sahne übergießen. Den Rücken herausnehmen und die Soße mit angerührter Speisestärke binden. Die geschälten, halbierten Bananen in Fett braten und den Hasenrücken damit umlegen. Kleine Kartoffeltörtchen, aus Kartoffelpüreepulver, 1/2 l Flüssigkeit, Fett und 1 Ei bereitet und in der Röhre überbacken, mit Pfifferlingen oder Champignons gefüllt, dazu servieren.

Gebeizte Hasenkeulen

Ein Festessen zur Jagdzeit

Zutaten für 4 Portionen:
ca. 1 kg Hasenkeule, 1 Zwiebel, 1 Knoblauchzehe, 1 Lorbeerblatt, 2 Nelken, Petersilienstiele, etwas Rosmarin und Thymian, 3/8 l Rotwein, 1/2 Weinglas Essig, Salz, 2 Eßl. Mehl, 1 Eßlöffel Butter oder Margarine, 50 g Räucherspeck, 1 Zwiebel,
Pro Portion ca. 490 Kalorien.

Hasenkeulen mit Zwiebelscheiben, zerdrücktem Knoblauch, Lorbeerblatt, Nelken, Petersilienstielen, Rosmarin und Thymian in ein enges Gefäß geben. Mit Rotwein und Weinessig übergießen und ca. 24 Stunden in der Marinade lassen. Hasenkeulen auf Kreppapier abtropfen lassen, salzen, in Mehl wenden und in aufschäumendem Fett gut anbraten. Räucherspeckstreifen und grobgewürfelte Zwiebel beifügen. Mit dem restlichen Mehl bestäuben, etwas braun werden lassen. Die Hälfte der Marinade zugießen und zugedeckt ca. 1 1/2 Stunden schmoren lassen. Nach Bedarf kann Marinade, Fleischbrühe oder Rotwein beigefügt werden. Die Soße nicht durchpassieren.

Mastente mit Kastanien

Dazu Kroketten in Birnenform

Zutaten für 4 Portionen:
1 Mastente, Salz, Pfeffer, 250 g getrocknete, geschälte Kastanien, 1/4 Sellerieknolle, 1 Teel. Butter oder Margarine, 1 Zwiebel, 1 Päckchen oder Beutel Bratensoße.
Pro Portion ca. 980 Kalorien.

Die vorbereitete Ente innen und außen mit Salz und Pfeffer gut einreiben. Die über Nacht eingeweichten Kastanien abgießen, die grobgewürfelte Sellerieknolle in dem Fett leicht anschwitzen, die Kastanien zugeben, mit einer halben Tasse Wasser auffüllen, leicht salzen und zugedeckt ca. 25 Minuten dünsten. Die Ente mit den Kastanien füllen, die Öffnung vernähen und die Ente ringsum in etwas Fett anbraten. In der Backröhre in ca. 1 1/2 Stunden gar werden lassen, die grobgewürfelte Zwiebel ca. 1/2 Stunde mitbraten. Das nach Vorschrift angerührte Soßenpulver zum Bratensatz geben, kochen lassen, die Ente mit dieser Soße servieren.

Geschmorte Wildente mit Champignons

Kennzeichen für junge Tiere: hellgraue Beine

**Zutaten für 4 Portionen:
1 junge Wildente, Salz, Pfeffer, 1 Teel. Salbei, 2 Eßl. Butter oder Margarine, 1 Zwiebel, 1 Eßl. Mehl, 1/4 l Weißwein, 1/2 Dose Champignons, 1/2 l Fleischbrühe aus Brühwürfeln, 1 kleines Lorbeerblatt, 5—6 Wacholderbeeren, 1/4 l saure Sahne.
Pro Portion ca. 600 Kalorien.**

Wildente rupfen, absengen, ausnehmen (Talgdrüse entfernen), würzen und innen mit Salbei füllen. Fett erhitzen, die Ente darin ringsum anbraten, herausnehmen. Grobe Zwiebelwürfel und Mehl zugeben und dieses braun rösten. Mit Weißwein, Champignonbrühe und heißer Fleischbrühe auffüllen, aufkochen. Lorbeerblatt, zerdrückte Wacholderbeeren beifügen. Ente in dieser Soße ca. 1 1/2 Stunden langsam schmoren. Sie soll dabei bis zur Hälfte mit Soße bedeckt sein. Anrichten, Soße durchseihen, mit Sahne verkochen, Champignons zugeben, Ente damit übergießen.

Gebratene Rebhühner mit Äpfeln

Beim Kauf darauf achten: Brustbein muß biegsam sein!

Zutaten für 4 Portionen:
4 junge Rebhühner, Salz, Pfeffer, 2 Eßl. Butter oder Margarine, 4 Äpfel, 4 Scheiben frischer fetter Speck, 1 Zwiebel, 1 Karotte, 5—6 Wacholderbeeren, 1/4 l Hühnerbrühe aus Brühwürfeln, nach Belieben 2 Likörgläser Calvados (Apfelschnaps), 4 Scheiben Toastbrot.
Pro Portion ca. 920 Kalorien.

Rebhühner rupfen, absengen, ausnehmen. Innen und außen salzen und pfeffern. Jedes Rebhuhn mit 1 Stück Butter oder Margarine und einigen Apfelschalen füllen. Die Rebhühnerbrüste mit Speckscheiben belegen, mit Garn umwickeln. Bratpfanne mit dem Fett ausstreichen. Zwiebel- und Karottenscheiben, zerdrückte Wacholderbeeren zugeben. Rebhühner hineinlegen, in der auf 225 bis 250 Grad vorgeheizten Röhre 30 Minuten braten, 2- bis 3mal wenden. Rebhühner mit Speckstreifen belegen, auf in Fett gebratene Toastscheiben geben. Bratensatz mit Hühnerbrühe loskochen, durchseihen, als Soße reichen. Dazu geschälte, entkernte, in Spalten geschnittene Äpfel in Butter anbraten, mit Calvados ablöschen.

Rehragout

Hierzu schmecken am besten Preiselbeeren

Zutaten für 4 Portionen:
1 kg Rehragout, 1/4 l Rotwein, 1 Zwiebel, mit 1 Lorbeerblatt und 2 Nelken besteckt, 3—4 Wacholderbeeren, 100 g Räucherspeck, 1 Zwiebel, 2 Eßl. Mehl, 2 Teel. Tomatenmark, 3/8 l Fleischbrühe aus Brühwürfel, schwarzer Pfeffer.
Pro Portion ca. 475 Kalorien.

Das gewürfelte Rehfleisch mit Rotwein, gespickter Zwiebel und Wacholderbeeren 2—3 Tage marinieren, dabei gut kühl stellen. Streifen von Räucherspeck glasig werden lassen und Zwiebelwürfel hellgelb darin anschwitzen. Das gut abgetropfte Rehfleisch darin anbraten, Mehl überstäuben, hellbraun werden lassen und mit der Rotweinmarinade, Tomatenmark und Fleischbrühe auffüllen. Zugedeckt ca. 1 1/4 Stunden schmoren lassen. Danach pikant abschmecken und nach Belieben mit in Fett gerösteten Brotecken garnieren.

Fasan auf „Winzerin-Art"

Achten Sie darauf, daß der Fasan jung ist

Zutaten für 4 Portionen:
1 junger Fasan (vom Wildhändler gerupft und ausgenommen), Salz, Pfeffer, 3—4 zerdrückte Wacholderbeeren, 1 große dünne Scheibe frischer fetter Speck, 1 Eßl. Butter oder Margarine, 1/4 l saure Sahne, 1/2 Teel. milder Paprika, 1 Zwiebel, 1 Knoblauchzehe, 1 Löffelspitze Thymian, 1 Eßl. Mehl, ca. 3/8 l Wasser.
Pro Portion ca. 440 Kalorien.

Fasan innen und außen würzen und die Brust mit der Speckscheibe umhüllen und mit Garn festbinden. In Fett in der Röhre ca. 40 Minuten braten, dabei mehrmals mit dem Bratfett und zuletzt mit der mit Paprika verrührten Sahne übergießen. Hals und Magen vom Fasan kleinhacken, in Fett anbraten, Zwiebelwürfel, Knoblauch und Thymian zugeben, weiterbraten, mit Mehl bestäuben und dieses leicht anbräunen. Mit Wasser ablöschen und ca. 20 Minuten kochen, zuletzt zum Bratensatz gießen, aufkochen lassen und durchseihen. Die Soße abschmecken und extra geben. Vom Fasan die Speckscheibe lösen, in Streifen schneiden und auf den Fasan streuen. Mit Sauerkraut und Weintrauben servieren.

Überbackene Truthahnschnitzel

Wenn Sie Ihren Gästen etwas Ausgefallenes bieten wollen

Zutaten für 4 Portionen:
4 Tiefkühl-Truthahnschnitzel à ca. 100 g, Salz, Pfeffer, 3 Eßl. Öl, 1/4-Dose Champignons, 1 Teel. gehackte Kräuter (Petersilie, Kerbel, etwas Thymian oder Oregano), 4 Käsescheiben, etwas scharfer Paprika. Pro Portion ca. 350 Kalorien.

Truthahnschnitzel nach Vorschrift auftauen. Danach mit Salz und Pfeffer würzen und mit Öl beträufeln. Eine Grillpfanne zuvor stark erhitzen. Truthahnschnitzel darin auf beiden Seiten grillen. Champignons getrennt davon erhitzen, mit Kräutern vermischen. Die Schnitzel damit belegen, Käsestreifen daraufgeben. Pfanne mit Deckel verschließen und den Käse dadurch schmelzen lassen. Zuletzt etwas scharfen Paprika oder schwarzen Pfeffer darübergeben. Als Beilagen hierzu mitgegrillte Tomaten, Kartoffelpüree und Bratensoße (Fertigprodukt) reichen.

Gefüllte Kalbsschnitzel

Für Männer, die Kalbfleisch als „Halbfleisch" bezeichnen

Zutaten für 4 Portionen:
4 dicke Kalbsschnitzel à ca. 150 g (vom Fleischer jeweils eine Tasche einschneiden lassen), 1 Paar rohe Bratwürste, 1 Teel. Senf, 1 Eßl. gehackte Kräuter, 1 Ei, Salz, Pfeffer, Mehl, Semmelbrösel, 1 Eßl. Butter, 1 Eßl. gehackte Kräuter.
Pro Portion ca. 460 Kalorien.

Bratwurstfleisch mit Senf, gehackten Kräutern und Eigelb vermischen. Die Masse in die Kalbsschnitzel einfüllen. Diese mit Salz und Pfeffer außen würzen. Danach zuerst in Mehl, verquirltem Eiweiß und zuletzt in Semmelbröseln wenden. In einer flachen Pfanne Fett langsam erhitzen, Schnitzel einlegen und darin gar braten. Auf warmer Platte anrichten. Zuletzt restliche Kräuter zum Bratenfett geben und die Schnitzel damit übergießen. Als Beilagen hierzu Pommes frites und, je nach Geschmack, Salate reichen. Die Fülle, mit roher Bratwurst, Senf, gehackten Kräutern, Ei, Salz und Pfeffer, macht das Kalbsschnitzel zu einem würzigen Gericht, das auch Männergaumen schmeichelt.

Gefüllter Weihnachtsputer

Bratensatz mit Tomatenmark gibt eine pikante Soße

Zutaten für 8 Portionen:
1 Puter zu ca. 3 kg,
1 Zitrone, Salz, 2 Eßl. Butter oder Margarine,
1 Teel. milder Paprika,
250 g Schweinemett,
5 Scheiben Toastbrot, 3 Eier,
$^1/_2$ Teel. Zwiebelpulver,
1 Teel. Salbei, schwarzer geriebener Pfeffer, 1 Teel. Aromat oder Fondor, 1 Eßl. gehackte Petersilie.
Pro Portion ca. 900 Kalorien.

Den vorbereiteten Puter mit Zitronensaft beträufeln, mit Salz innen und außen würzen. Die Toastscheiben in grobe Würfel schneiden, mit den verquirlten Eiern vermischen, Schweinemett, Zwiebelpulver, Salbei, Pfeffer, Aromat oder Fondor, Salz und gehackte Petersilie dazugeben, die Masse gut verarbeiten und die Halsöffnung des Puters damit füllen und gut vernähen. Bleibt etwas Masse übrig, so füllt man sie in die Bauchhöhle. Butter oder Margarine zerlassen, mit Paprika verrühren, den Puter damit ringsum bepinseln. Mit Alufolie bedecken, in der Röhre bei 175 Grad ca. 3 Stunden garen. Die letzte halbe Stunde wird die Alufolie entfernt, damit der Puter ringsum schön bräunt.

Garnierter Rehrücken

Das zarteste Fleischstück des Rehes

Zutaten für 4 Portionen:
ca. 1 kg Rehrücken, 50 g fetter Räucherspeck, Salz, Pfeffer, 2 Eßl. Butter oder Margarine, 1 Zwiebel, 1 Karotte, $^1/_4$ l süße Sahne, $^1/_8$ l Fleischbrühe aus Brühwürfeln, $^1/_2$ Dose Birnen, Johannisbeergelee.
Pro Portion ca. 670 Kalorien.

Rehrücken enthäuten, mit dünnen Speckstreifen spicken. Salzen, pfeffern und in erhitztem Fett auf der Fleischseite anbraten. Danach auf die Knochenseite legen, die grobgewürfelte Zwiebel und Karotte zugeben. In der Backröhre bei 225 Grad ca. 40 Minuten braten. Dabei mehrmals mit dem Bratensaft begießen. Zum Schluß der Garzeit Sahne und Fleischbrühe darübergießen. Den Rehrücken herausnehmen. Das Fleisch längs des Knochens loslösen und in schräge, ca. 3 cm dicke Stücke schneiden. Die Soße durchpassieren und dazu reichen. Das Fleisch mit Birnen, gefüllt mit Johannisbeergelee, garnieren. Beilage: Pfifferlinge sowie Rosenkohl und Kartoffelkroketten.

Poularde „Carolina“

Mit delikater Reis-Bratwurst-Füllung

Zutaten für 6 Portionen:
1 Poularde, 50 g Schinkenspeck, 1 Eßl. Butter oder Margarine, 2 in feine Würfel geschnittene Zwiebeln, 2 Tassen Langkornreis, 1/2 Dose Champignons, 3 Tassen heißes Wasser, 2 Teel. Aromat oder Fondor, Salz, 1 Paar rohe Bratwürste, 2 Eier, 1/8 l süße Sahne, Pro Portion ca. 980 Kalorien.

Poularde vorbereiten, den Schinkenspeck in Würfel schneiden, in dem Fett glasig werden lassen und die Zwiebelwürfel darin hell anschwitzen. Reis zugeben und mit 1 Tasse Champignonbrühe, 3 Tassen heißem Wasser, Aromat oder Fondor und Salz zugedeckt auf kleiner Flamme 15 Minuten kochen. Unter den Reis geviertelte Champignons sowie Bratwurstfleisch und die mit Eiern verrührte Sahne mischen. Die Poularde füllen, zunähen und den restlichen Reis in eine feuerfeste, ausgefettete Form geben. Poularde in der Röhre in Fett anbraten und unter öfterem Begießen in ca. 1 Stunde gar werden lassen. Den Reis in der Backröhre ca. 45 Minuten garen. Poularde mit in Stücke geschnittenem Reis anrichten.

Coq au vin

Die charakteristische Würze: Weinbrand und Rotwein

Für 4 Portionen: 2 Tiefkühl-Hähnchen, Salz, Pfeffer, 250 g Räucherspeck, 2 Likörgläser Weinbrand, 1/2 l Rotwein, 1 Lorbeerblatt, 1 Löffelspitze Thymian, 1/2 Dose Champignons, ca. 10 kleine frische Zwiebeln oder 1 große Zwiebel, 1 Eßl. Mehl, 2 Eßl. Butter oder Margarine, 2—3 Toastscheiben.
Pro Portion ca. 930 Kalorien.

Hähnchen auftauen, vierteln, mit Salz und Pfeffer würzen. Speckstreifen glasig auslassen und herausnehmen, Hähnchen im Fett auf beiden Seiten anbraten, mit Weinbrand ablöschen, anzünden und abbrennen lassen. Rotwein, Lorbeerblatt, Thymian und die Champignonbrühe sowie die kleinen Zwiebeln oder die große, in Würfel geschnittene Zwiebel zugeben, zugedeckt ca. 35 Minuten bei geringer Hitzezufuhr schmoren. Hähnchen danach herausnehmen, Speck in die Soße geben und mit Mehl, verrührt mit 1 Eßlöffel geschmeidiger Butter oder Margarine, binden. Einmal aufkochen lassen. Hähnchen wieder einlegen, Toastscheiben in dem restlichen Fett anbraten und um die Hähnchen garnieren.

Poularde in Weißwein

Als Beilage geeignet (und rasch fertig): Nudeln

Zutaten für 4 Portionen:
1 Paket gefrostete Poulardenteile (ca. 1,5 kg), Salz, Pfeffer, 1 Eßl. Butter, 1 Zwiebel, 1 Zehe Knoblauch, 1/4-Dose Champignons, 1/8 l Weißwein, 1/4 l süße Sahne, 1/8 l Milch, 1 Eßl. Speisestärke, Saft 1/4 Zitrone, 1 Teel. gehackter Kerbel.
Pro Portion ca. 634 Kalorien.

Die Poulardenteile nach Vorschrift auftauen, würzen und in dem Fett ca. 30 Minuten in der Röhre braten. Das Fleisch herausnehmen, in der Kasserolle Zwiebelwürfel anschwitzen, zerdrückten Knoblauch und die Champignons zugeben, mit der Champignonbrühe, Weißwein und Sahne ablöschen, etwas einkochen lassen und zuletzt mit Speisestärke, mit Milch verrührt, binden und mit dem Zitronensaft und Kerbel verfeinern. Die Poularde darin kurz ziehen lassen. Als Beilagen Nudeln reichen, einige rohe Nudeln dafür in Butter braten und über die gekochten Nudeln streuen.

Poularden-Frikassee mit Gemüsen

Tiefkühlgemüse macht Sie unabhängig von der Jahreszeit

Für 6 Portionen: 1 Poularde, 2 Eßl. Butter oder Margarine, 1 Zwiebel, Salz, Pfeffer, 1/8 l Weißwein, 500 g Gemüse (Blumenkohl, Karotten, grüne Bohnen, Erbsen, Champignons, Spargel, Paprikaschoten (je nach Marktangebot frisch oder Tiefkühlware), 1/4 l süße Sahne, 2 Teel. Speisestärke, Aromat oder Fondor, Saft 1/4 Zitrone.
Pro Portion ca. 780 Kalorien.

Zwiebelwürfel in Fett hell anschwitzen. Die geviertelte, mit Salz und Pfeffer gewürzte Poularde zugeben, kurz in dem Fett anschwitzen, ohne zu bräunen, Weißwein zugießen und zugedeckt bei geringer Hitzezufuhr ca. 15 Minuten dünsten. Gemüse vorbereiten, in Scheiben oder Streifen schneiden und zu dem Geflügel geben. Alles zusammen weitere 25—30 Minuten dünsten, danach mit der Sahne, verrührt mit Speisestärke, binden, aufkochen lassen, mit Aromat oder Fondor und Zitronensaft pikant abschmecken, evtl. nachsalzen. Tiefkühlgemüse muß nach Vorschrift mitgekocht werden, Gemüse aus Dosen wird zuletzt dem Gericht beigefügt. Als Beilagen: Reis, Salzkartoffeln oder Weißbrot.

Grillhähnchen

Besonders pikant mit Schaschliksoße

Zutaten für 4 Portionen:
2 Tieffrost-Hähnchen,
2 Eßl. Butter oder Margarine, Salz, Pfeffer, 1/2 Teel. Aromat oder Fondor,
1/2 Teel. Paprika,
etwas Zwiebelsalz.
Pro Portion ca. 556 Kalorien.

Die Hähnchen nach Vorschrift auftauen lassen. Innereien herausnehmen und die Hähnchen auf einen Spieß stecken. Das Fett zerlassen, Gewürze darin verrühren und die Hähnchen mit der Mischung übergießen. Unter dem Grill das Geflügel ca. 45 Minuten garen (Garprobe: die Flügel lösen sich leicht), dabei mehrmals mit dem herabtropfenden Fett bepinseln. Als Beilagen werden Pommes chips oder frische Pommes frites, verschiedene Salate und Tomatenketchup oder Schaschliksoße serviert.

Paprikahähnchen

Eine pikante Abwandlung üblicher Zubereitung

Für 4 Portionen: 2 Tiefkühl-Hähnchen, Salz, milder Paprika, 4 Eßl. Öl, 100 g Räucherspeck, 3 Zwiebeln, 1—2 rote oder grüne Paprikaschoten, 1 Knoblauchzehe, 1/2 Teel. Kümmel, 1 Löffelspitze Majoran, Schale 1/4 Zitrone, 1 kleine Dose Tomatenmark, 1 Beutel oder Päckchen Bratensoße.
Pro Portion ca. 560 Kalorien.

Die aufgetauten Hähnchen vierteln, mit Salz und Paprika würzen und in dem heißen Öl auf beiden Seiten gut anbraten und herausnehmen. Räucherspeckwürfel zu dem Öl geben, glasig auslassen, gewürfelte Zwiebeln und Paprikaschoten beifügen und einige Minuten dünsten lassen. Zerdrückten Knoblauch, gehackten Kümmel, Majoran und Zitronenschale sowie 2—3 Löffel milden Paprika und das Hähnchen zugeben. Das Tomatenmark mit 1 Tasse Wasser verrühren, ebenfalls zu dem Hähnchen geben und zugedeckt ca. 35 Minuten schmoren lassen. Zuletzt das mit 1/8 l Wasser angerührte Soßenpulver zufügen, aufkochen und pikant abschmecken.

Indisches Curryhähnchen

Mit Bananenscheiben und gebratenen Zwiebeln garnieren

Zutaten für 4 Portionen:
1 bis 2 Pakete gefrorene Hähnchenteile (ca. 1,5 kg), Salz, Curry, Mehl, 4 Eßl. Öl, 3 Zwiebeln, 1 Zehe Knoblauch, 3 Äpfel, 1—2 Teel. Curry, 1/2 l Fleischbrühe aus Brühwürfeln, 1/2 Dose geschälte Tomaten, 1/4 l saure Sahne oder Joghurt, 1/2 Eßl. Speisestärke, 1/2 Teel. Fondor oder Aromat.
Pro Portion ca. 549 Kalorien.

Die Hähnchenteile nach Vorschrift auftauen, mit Salz und Curry würzen, in Mehl wenden und in Öl 5 Minuten braten. Das Geflügel herausnehmen, Zwiebelwürfel gelblich anschwitzen, zerdrückten Knoblauch und die geschälten, entkernten und im Mixer oder mit einem Schneidstab zerkleinerten Äpfel zugeben, Curry überstäuben, mit Fleischbrühe und dem Saft der Tomaten auffüllen und die Hähnchenteile darin ca. 45 Minuten schmoren. Die Currysoße zuletzt mit Sahne, verrührt mit Speisestärke, binden. Mit Aromat oder Fondor abschmecken, die Tomaten darin erhitzen und in einer Schüssel mit körnig gekochtem Reis anrichten.

Hähnchen „Jambalaya“

In feuerfestem Geschirr auf den Tisch bringen

Zutaten für 4 Portionen:
1 bis 2 Pakete gefrostete Hähnchenteile (ca. 1,5 kg), Salz, Pfeffer, 1/2 Teel. Thymian, 1/2 Teel. Rosmarin, 4 Eßl. Pflanzenöl, 3 Scheiben roher Schinken, 2 Zwiebeln, 2 grüne Paprikaschoten, 1 Zehe Knoblauch, 1/2 Dose geschälte Tomaten, 1/2 Teel. Paprika, 2 Tassen Reis, 4 Tassen Fleischbrühe.
Pro Portion ca. 721 Kalorien.

Die Hähnchen nach Vorschrift auftauen, mit Salz, Pfeffer, Thymian und Rosmarin würzen und in Öl 15 Minuten braten. Schinkenstreifen, Zwiebel- und Paprikawürfel einige Minuten mitschwitzen, zerdrückten Knoblauch, Tomaten mit Saft, Paprika und Reis mit der heißen Fleischbrühe zugeben und zugedeckt ca. 25 Minuten kochen lassen, und zwar ohne umzurühren. Das Gericht wird in dem gleichen Geschirr, in dem es gegart wurde, serviert. Hähnchen „Jambalaya“ sind schnell zubereitet, würzig und bekömmlich.

Weihnachtsgans mit Bratäpfeln

Die mitgebratenen Äpfel geben der Soße eine feine Würze

Zutaten für 6 Portionen:
1 junge Gans, Salz, Pfeffer, 1 Strauß Petersilie, 1 Teel. getrockneter Beifuß oder Salbei, 2 grobgewürfelte Zwiebeln, 4 ausgestochene Äpfel, Preiselbeeren, 1 Würfel Bratensaft.
Pro Portion ca. 900 Kalorien.

Gans innen und außen mit Salz und Pfeffer einreiben, mit Petersilie und Beifuß oder Salbei füllen. Kasserolle 1 cm hoch mit Wasser füllen, Gans einlegen, zugedeckt ca. 15 Minuten im heißen Rohr dünsten lassen, danach den Deckel abnehmen und die Gans in ca. 2 Stunden gar braten. Äpfel entkernen und die letzte halbe Stunde mit den grobgewürfelten Zwiebeln mitbraten. Gans und Äpfel anrichten, die Pfanne auf die Herdplatte stellen und Bratensatz etwas ansetzen lassen, damit das reine Fett abgegossen werden kann. Bratensatz mit ca. $^3/_8$ l Wasser aufkochen, Bratensaftwürfel zugeben, die Soße durchseihen.

Wiener Backhähnchen

Dazu gibt es Kartoffelsalat und Remouladensoße

Zutaten für 4 Portionen:
2 Tiefkühl-Hähnchen,
Salz, Pfeffer, Mehl, 1—2 Eier, Semmelbrösel,
1/2 Teel. milder Paprika,
Backfett, 1 Zitrone,
Petersilie.
Pro Portion ca. 440 Kalorien.

Hähnchen auftauen, vierteln und die Knochen möglichst auslösen. Fleisch mit Salz und Pfeffer würzen, einige Minuten stehen lassen, in Mehl wenden, in verquirltes Ei tauchen und in Semmelbröseln, vermischt mit Paprika, dick panieren. Das Backfett auf 175 Grad erhitzen, die Hähnchen darin ca. 15 Minuten backen. Die Hähnchenteile gut abtropfen lassen, auf Papierserviette anrichten und mit Zitronenschnitzen und Petersilie garnieren. Nach Belieben als Beilagen hierzu Kartoffelsalat, grünen Salat und eventuell Remouladensoße reichen.

Beilagen
Hauptgerichte
Eintöpfe

Pot au feu (französischer Suppentopf)

Trinken Sie dazu einen roten Burgunder

Zutaten für 4 Portionen:
1 kg Rindfleisch zum Kochen (Querrippe, Rinderbrust usw.), 1 Markknochen, 1 Zwiebel, 1 Lorbeerblatt, 2 Nelken, Salz, 3—4 Karotten (ca. 200 g), 1 kleinen Kopf Wirsing, 2 Lauchstangen, 1 Sellerieknolle (ca. 200 g), Pfeffer, Muskat, Schnittlauch.
Pro Portion ca. 550 Kalorien.

Das Rindfleisch mit Markknochen, mit Lorbeerblatt und Nelken besteckter Zwiebel in $1^1/_2$ l warmem Wasser zum Kochen bringen, salzen und langsam 1 Stunde garen. Danach das gewaschene und gesäuberte Gemüse zugeben und weitere 30 Minuten garen. Das Gemüse mit dem Buntmesser schneiden und in der Suppe mit Schnittlauch servieren, das Fleisch reicht man extra und serviert nach Belieben mit Brot, Mixed Pickles, Senf usw. Zum Pot au feu ist ein roter Burgunderwein besonders zu empfehlen.

Vegetarischer Eintopf

Mal was anderes am fleischlosen Freitag

Zutaten für 4 Portionen:
1,5 kg frisches Gemüse (Blumenkohl, weiße Rüben, Karotten, Lauch, Wirsing usw.). 2 Zwiebeln, 3 Eßl. Butter oder Margarine, 1¼ l Wasser, Salz, Pfeffer, 2 Teel. Streuwürze, 1 Lorbeerblatt, 2 Knoblauchzehen, ½ Dose Mischpilze, 4 Kartoffeln, 125 g Suppennudeln, Muskat, 1 Bund Schnittlauch.
Pro Portion ca. 510 Kalorien.

Gemüse putzen, waschen und zerkleinern. Zwiebeln würfeln. In einen hohen Topf Fett geben, Zwiebeln darin hellgelb dünsten. Gemüse zugeben, kurz mitdünsten, mit Wasser ablöschen. Salz, Pfeffer, Aromat oder Fondor, Lorbeerblatt, zerdrückten Knoblauch zugeben und zugedeckt ca. 15 Minuten kochen. Danach Mischpilze, kleingewürfelte Kartoffeln und Suppennudeln beifügen. In weiteren 20 Minuten garen und den Eintopf zuletzt mit feingeriebenem Muskat und dem geschnittenen Schnittlauch verfeinern.

Bouillabaisse (Marseiller Fischsuppe)

Auch als Fertiggericht erhältlich

Zutaten für 4 Portionen:
750 g festfleischige Fische (Kabeljau, Heilbutt, Seezunge), 750 g weichfleischige Fische (Merlan, Schellfisch), 500 g Miesmuscheln, 3 große Zwiebeln, 3 Zehen Knoblauch, 500 g Tomaten, je $^1/_2$ Teel. Thymian und Fenchel, 2 Lorbeerblätter, 1 Stück Orangenschale, Salz, Pfeffer, 1 Beutel Safran, $^1/_8$ l Olivenöl, Wasser. Pro Portion ca. 625 Kalorien.

Die Fische und die Muscheln vorbereiten, waschen und in große Stücke schneiden. Zwiebelscheiben, gehackten Knoblauch, geschälte, grobgehackte Tomaten mit Gewürzen, Öl, festfleischigen Fischen und Muscheln in einen Topf geben und mit heißem Wasser bedeckt 5 Minuten stark kochen. Danach die weichfleischigen Fische dazugeben und in nochmals 5 Minuten gar werden lassen. Die Suppe sofort servieren, dazu geröstete Weißbrotscheiben, mit Knoblauch eingerieben, reichen. Tip: Bouillabaisse ist auch als Tiefkühlware erhältlich.

Hühnertopf mit Reis

Zwei in einem: kräftige Suppe und zartes Hühnerfleisch

Zutaten für 4 Portionen:
1 junges Suppenhuhn (frisch oder Tiefkühlware, ca. 1000 g), 1 Zwiebel, 1 Lorbeerblatt, 2 Nelken, Salz, 2 Stangen Lauch, 1 Tasse Reis, $^1/_4$ Dose Champignons, gehackte Petersilie, $^1/_2$ Teel. Streuwürze.
Pro Portion ca. 650 Kalorien.

Das Suppenhuhn mit der mit Lorbeerblatt und Nelken besteckten Zwiebel in ca. $1^1/_2$ l warmem Wasser aufsetzen, salzen und ca. 1 Stunde kochen. Danach den kleingeschnittenen Lauch und den Reis zufügen und weitere 20 Minuten kochen. Das fertige Huhn aus der Brühe nehmen und mit Weißbrot, Salaten und Remoulade oder Mayonnaise servieren. Zur Suppe gibt man die Champignons, verfeinert sie mit Aromat oder Fondor und etwas gehackter Petersilie.

Pichelsteiner Eintopf

Servieren Sie eine Scheibe Bauernbrot dazu

Zutaten für 4 Portionen:
500 g gemischtes Fleisch (Hammel, Kalb, Schwein, Rind, in 2 cm große Würfel schneiden), Salz, Pfeffer, 1 Eßl. Butter oder Margarine, 2 Zwiebeln, 4 Karotten, 1 Sellerieknolle, 1 Kopf Wirsingkohl, 750 g Kartoffeln, 1 Lorbeerblatt, ca. $^1/_2$ l Fleischbrühe.
Pro Portion ca. 670 Kalorien.

Das gewürfelte Fleisch mit Salz und Pfeffer würzen. In heißem Fett Zwiebelscheiben hell anschwitzen, Fleisch zugeben und ca. 5 Minuten langsam dünsten. Karottenscheiben, Würfel von Sellerie und Wirsingkohl sowie Kartoffelscheiben lagenweise auf das Fleisch schichten, Lorbeerblatt zugeben und mit der kräftigen Fleischbrühe auffüllen. Zugedeckt ca. $1^1/_2$ Stunden langsam dünsten. Eventuell etwas Fleischbrühe nachgießen. Den Pichelsteiner Eintopf mit Bauernbrot servieren, als Nachspeise Obst reichen.

Irish Stew (Hammel-Kraut-Eintopf)

Ein herzhafter Eintopf, den fast alle schätzen

Zutaten für 4 Portionen:
500 g Hammelfleisch, 1 Lorbeerblatt, 2 Nelken, Salz, ½ l kochendes Wasser, 1 Eßl. Butter oder Margarine, 3 Zwiebeln, 1 Knoblauchzehe, 1 Kopf Weißkohl, 1 kg Kartoffeln, ½ Teel. Kümmel, Pfeffer, 2 Eßl. gehackte Kräuter.
Pro Portion ca. 650 Kalorien.

Das Hammelfleisch in etwa 3 cm große Würfel schneiden, mit dem Lorbeerblatt, Nelken, Salz und kochendem Wasser ca. 1 Stunde zugedeckt langsam kochen. In dem Fett Zwiebelstreifen hell andünsten, zerdrückten Knoblauch zugeben und mit der Brühe von dem Hammelfleisch auffüllen. Den Kohl (Strunk entfernen) in kleine Vierecke schneiden und zusammen mit rohen Kartoffelscheiben und dem Fleisch lagenweise in den Topf geben. Dazwischen mit etwas Kümmel und Pfeffer würzen. Alles zugedeckt in gut ½ Stunde garen. Nach Bedarf Fleischbrühe zufügen und zuletzt mit gehackten Kräutern bestreuen, mit frischem Weißbrot servieren.

Pikanter Linsen-Eintopf

Ein Schuß Essig gibt pikante Würze

Zutaten für 4 Portionen:
350 g Linsen, 1 l Wasser, 1 Eßl. Butter oder Margarine, 2 Zwiebeln, 2 Karotten, 2 Stangen Lauch, 1 Lorbeerblatt, 2 Nelken, 1 Löffelspitze Thymian, 750 g Kartoffeln, 250 g gekochter Schinken, 1 Paar Bauernbratwürste oder Landjäger, 1 Beutel Bratensoße, 1 Eßl. Tomatenmark, Essig, 1 Prise Zucker.
Pro Portion ca. 950 Kalorien.

Linsen über Nacht in kaltem Wasser einweichen. In Fett Zwiebelwürfel hell anschwitzen, gewürfelte Karotten und Lauch zugeben, ebenfalls anschwitzen lassen, Linsen mit Einweichwasser zugeben, mit Lorbeerblatt, Nelken, Thymian und etwas Salz würzen und zugedeckt ca. 45 Minuten kochen. Die grobgewürfelten Kartoffeln zugeben, weitere 15 Minuten kochen. Zuletzt Schinken und Bauernbratwürste in Würfel schneiden, beifügen, die nach Vorschrift angerührte Bratensoße mit dem Tomatenmark zugießen, durchkochen lassen und pikant mit Essig, 1 Prise Zucker und Salz abschmecken.

Fischsuppe mit Reis

Sättigend und bekömmlich

Zutaten für 4 Portionen:
100 g Räucherspeck, 1 Zwiebel, 1 grüne Paprikaschote, 1 Tasse Reis, $1^1/_4$ l Fleischbrühe aus Brühwürfeln, 500 g Fischfilet, 1 Ei, 4 Eßl. Kondensmilch, Salz, Muskat, Pfeffer. Pro Portion ca. 450 Kalorien.

Speckwürfel auslassen, Zwiebel- und Paprikawürfel darin hell anschwitzen, Reis und Fleischbrühe zugeben und 15 Minuten kochen lassen. 250 g Fischfilet in Würfel schneiden, das restliche Fischfilet im Mixer mit dem Ei, Kondensmilch und Gewürzen gut vermischen und zerkleinern. In die Brühe gibt man die Fischwürfel und die zu Klößchen geformte Fischmasse und läßt ca. 5 Minuten ziehen. Die Suppe kann man zuletzt mit Würfeln von abgezogenen Tomaten (ohne das Mark) bestreuen.

Erbsen-Eintopf mit Eisbein

Gepökelte Rippchen schmecken auch gut dazu

Zutaten für 4 Portionen:
350 g gelbe Schälerbsen, $1^1/_2$ l Wasser, 1—2 Eisbeine, ca. 750 g, $^1/_2$ Teel. Majoran, 4 Karotten, $^1/_2$ Sellerieknolle, 2 Lauchstangen, 750 g Kartoffeln, Aromat oder Fondor, Salz, Pfeffer.
Pro Portion ca. 1265 Kalorien.

Die Erbsen in dem kalten Wasser über Nacht einweichen, in dem Einweichwasser aufkochen, Eisbein und Majoran zugeben und gut 1 Stunde garen. Karotten und Sellerie in kleine Würfel schneiden, Lauchstangen in Streifen und die Kartoffeln in größere Würfel schneiden, zusammen in den Eintopf geben, mit Aromat oder Fondor, Salz und Pfeffer würzen und ca. $^1/_2$ Stunde weiterkochen. Den Eintopf zuletzt pikant abschmecken, nach Belieben gehackte Kräuter untermischen.

Rauchfleisch-Erbsen-Eintopf

An kalten Tagen dürfen's mehr Kalorien sein

Zutaten für 4 Portionen:
250 g grüne Erbsen (Hülsenfrüchte), 1 1/2 l Wasser, 375 g Rauchfleisch, 2 Zwiebeln, 2 Karotten, 1 Sellerieknolle, 4 Kartoffeln, Salz, Pfeffer, 1/2 Teel. Majoran, 1Eßl. Petersilie.
Pro Portion ca. 830 Kalorien.

Erbsen in abgekochtem, erkaltetem Wasser über Nacht einweichen. Etwa 75 g Rauchfleisch in Würfel schneiden. In hohem Topf bei geringer Wärmezufuhr glasig werden lassen. Zwiebeln darin hell dünsten. Karotten-, Selleriewürfel, Rauchfleisch und Erbsen mit der Einweichflüssigkeit zufügen. Etwa 1 Stunde kochen. Danach die gewürfelten Kartoffeln, Salz, Pfeffer, Majoran zugeben, alles in weiteren 20 Min. garkochen. Zuletzt gehackte Petersilie untermischen.

Elsässer Bäckerofen

Da läuft einem das Wasser im Mund zusammen

Zutaten für 4 Portionen: 1,5 kg Kartoffeln, 500 g Zwiebeln, Salz, Pfeffer, 250 g Hammelschulter, 250 g Schweinekeule, 2 Knoblauchzehen, 1 Lorbeerblatt, 1/2 Teel. Thymian, 1 l Weißwein (Riesling). Pro Portion ca. 750 Kalorien.

Geschälte Kartoffeln in 1/2 cm dicke Scheiben, Zwiebeln in Streifen schneiden. Fleisch mit Salz und Pfeffer einreiben, mit gehacktem Knoblauch, zerdrücktem Lorbeerblatt und Thymian bestreuen. Kartoffeln und Zwiebeln ebenfalls mit Salz und Pfeffer mischen. Dies zusammen mit dem Fleisch in eine feuerfeste Form geben. Mit Weißwein auffüllen und die Form zudecken oder mit Alufolie gut abdecken. In der Backröhre bei 225 Grad ungefähr 1 1/2 Stunden garen.

Gekochte Artischocken

Artischockenblätter in Soße oder Mayonnaise dippen

Zutaten für 4 Portionen:
4 große Artischocken,
1 Zitrone, Salzwasser, Essig.
Artischocken enthalten kaum Kalorien.
Der Kaloriengehalt von Mayonnaise schwankt zwischen 500 und 750 Kalorien pro 100 g.

Die Stiele abbrechen, Blattspitzen 3 cm lang abschneiden. Blattspitzen an den Seiten mit Schere kürzen und grüne Blattreste an Stielunterseite dünn abschälen, die Böden mit einer halben Zitrone einreiben. Jede Artischocke zwischen 2 Zitronenscheiben binden, in Salzwasser mit 3—4 Eßlöffel Essig ca. 20 Minuten kochen, die Blätter müssen sich danach gut ablösen lassen. Die inneren Blütenblätter herausheben, umgekehrt wieder einsetzen. Heiß mit Salatsoße oder Mayonnaise servieren. Die Artischockenblätter mit den Fingern abbrechen, Unterseiten in die Soße tauchen, zarte Teile essen, zuletzt die inneren Blüten entfernen und die Böden essen.

Hammelfleisch mit weißen Bohnen

Hausmannskost für kräftige Esser

Zutaten für 4 Portionen:
250 g weiße Bohnenkerne, $1^1/_2$ l Wasser, 2 Zwiebeln, 1 Eßl. Butter oder Margarine, 50 g Räucherspeck, 375 g Hammelfleisch, 4 Karotten, 2 Stangen Lauch, 1 Sellerieknolle, 2—3 Kartoffeln, 2 Knoblauchzehen, Salz, Pfeffer, Lorbeerblatt, 2 Nelken, $^1/_2$ Teel. Thymian, 2 Eßl. gehackte Petersilie.
Pro Portion ca. 740 Kalorien.

Bohnenkerne in abgekochtem, erkaltetem Wasser über Nacht einweichen. Zwiebelwürfel in hohem Topf mit Speck hellgelb dünsten. Hammelfleisch (Hammelbrust oder -schulter) in große Stücke zerteilen, Karottenscheiben, Lauch- und Selleriestücke zugeben. Bohnen beifügen und ca. 1 Stunde kochen lassen. Danach gewürfelte Kartoffeln, zerdrückten Knoblauch, Salz, Pfeffer, Lorbeerblatt, Nelken und Thymian beifügen. Etwa 20 Minuten weiterkochen und zuletzt die gehackte Petersilie untermischen. Je nach Geschmack mit etwas Tomatenmark, Essig und Zucker abschmecken.

Gefüllte Tomaten

Im Spätsommer schmecken Tomaten am besten

Zutaten für 4 Portionen:
8 große Tomaten, 1 Zwiebel, 2 Scheiben Speck, 250 g gemischtes Hackfleisch, 1 Ei, 1 Eßl. gehackte Kräuter, Salz, Pfeffer, Muskat, 1/4 l Fleischbrühe, 1 kleine Dose Tomatenmark.
Pro Portion ca. 280 Kalorien.

Den Tomaten ein Deckelchen abschneiden und das Innere mit einem Teelöffel herauslösen. Die Früchte umgedreht abtropfen lassen und inzwischen Speck- und Zwiebelwürfel zusammen goldgelb anbraten. Das Hackfleisch dazugeben, kurz braten und beiseite stellen. Ei, Kräuter, Salz, Pfeffer und Muskat darunterrühren und die Tomaten damit füllen. Das Innere (Kerne und Mark), Fleischbrühe und Tomatenmark in einer feuerfesten Form aufkochen, die Tomaten hineinsetzen und bei 180 Grad (nicht zudecken!) 35 Minuten backen. Mit Kartoffelpüree oder Reis servieren.

Frühkohl mit Hackbraten

Wer mag, kocht dazu eine Bratensoße aus dem Päckchen

Zutaten für 4 Portionen:
1 kg junger Weißkohl,
1 Zwiebel, 1 Eßl. Butter oder Margarine,
2 Tassen Wasser, 1 Teel. Aromat oder Fondor,
1/2 Teel. Kümmel, Salz,
250 g gemischtes Hackfleisch, 1 paar rohe Bratwürste, 2 Scheiben Toast,
2 Eßl. Milch, Pfeffer,
1 Eßl. gehackte Kräuter,
2 Likörgläser Weinbrand,
4 Scheiben Räucherspeck.
Pro Portion ca. 600 Kalorien.

Den Kohl waschen, achteln und den Strunk herausschneiden. Die Zwiebel schälen, in Scheiben schneiden und in Fett anschwitzen. Nun Kohl, Wasser, Aromat oder Fondor, Kümmel und etwas Salz dazugeben und zugedeckt 20 Minuten dünsten. Das Hackfleisch mit der Bratwurstfarce, in Milch eingeweichtem Toast, Pfeffer, Salz, Kräutern und Weinbrand vermischen und einen Laib daraus formen. 2 Speckscheiben in eine feuerfeste Form legen, den Hackbraten daraufsetzen und mit 2 Speckscheiben belegen. Bei 180 Grad in den Backofen stellen und 40 Minuten braten. Den Kohl mit etwas Butter anrichten.

Teigwaren Nantua

Ein festliches Essen für Feinschmecker

**Zutaten für 4 Portionen:
250 g Eierhütli, Salz, Zwiebel, 1 Eßl. Butter
oder Margarine, 1/4-Dose
indische Krabben,
1/2 Dose Hummersuppe,
1/8 l frische Sahne, 1
Beutel gehobelte Mandeln.
Pro Portion ca. 580 Kalorien.**

Die Eierhütli 8—10 Minuten in reichlich Salzwasser kochen, auf ein Sieb schütten, kurz überbrausen und gut abtropfen lassen. Die Zwiebel schälen, fein würfeln und in Butter oder Margarine gelblich dünsten. Krabbenbrühe, Hummersuppe und Sahne dazurühren und aufkochen. Die Soße eventuell mit etwas Speisestärke dikken. Die Krabben darin erhitzen, nicht kochen. Mit etwas Cognac oder Weinbrand abschmecken, in eine Sauciere füllen und zu den Eierhütli anrichten, die mit im Backofen leicht gerösteten Mandeln bestreut werden. Dazu grünen Salat servieren und ein Glas Weißwein.

Blumenkohlgemüse

Dazu Kräuter wie Kerbel, Dill, Estragon, Pimpernelle

Zutaten für 4 Portionen:
1 großer Blumenkohl,
1 Zwiebel, 1 Eßl. Butter oder Margarine, 1/8 l Wasser, Salz, Muskat, 1/8 l Milch, 1 Beutel oder Päckchen Helle Soße (für 1/4 l).
1 Bund gemischte Kräuter,
Pro Portion ca.
140 Kalorien (ohne Leberkäse und Kartoffeln).

Den Blumenkohl in Röschen teilen, kurz waschen und abtropfen lassen. Die Zwiebel fein würfeln und in dem Fett hell dünsten. Wasser und Blumenkohl dazugeben, mit Salz und Muskat mild würzen, zudecken und etwa 20 Minuten dünsten. Dann die Flüssigkeit in eine Schüssel gießen, dazu die Milch. Das Soßenpulver schnell einrühren, zum Blumenkohl geben und einmal aufkochen. Die gehackten Kräuter hineingeben und das Gemüse pikant abschmecken. Dazu gebratenen Leberkäse mit gerösteten Zwiebeln und Kartoffelpüree servieren.

Gefüllte Gurken

Sie können für das Gericht auch Salatgurken nehmen

Zutaten für 4 Portionen:
2 bitterfreie Gemüsegurken, 2 Zwiebeln, 100 g Räucherspeck, 375 g gemischtes Hackfleisch, 2 Eier, Thymian, Salz, Pfeffer, 1 Eßl. Butter oder Margarine, 1 Beutel oder Päckchen Bratensoße.
Pro Portion ca. 510 Kalorien.

Die Gurken schälen, längs halbieren und die Kerne mit einem Teelöffel herausnehmen. Zwiebeln und Räucherspeck fein würfeln und zusammen auslassen. Mit Hackfleisch und Eiern mischen und mit Thymian, Salz und Pfeffer würzen. Die Gurken damit füllen und in eine gebutterte Auflaufform legen. Mit Alufolie zudecken und bei 200 Grad etwa 35 Minuten garen, die Bratensoße kochen und 5 Minuten vor Beendigung der Garzeit zu den Gurken gießen. Essen Sie zu gefüllten Gurken Kartoffelpüree oder Reis.

Dill-Gurken-Gemüse

Würzen Sie Gurkengemüse auch einmal mit Borretsch

Zutaten für 4 Portionen:
1,5 kg bitterfreie Gemüsegurken, 2 Zwiebeln,
2 Eßl. Butter oder Margarine, Salz, 1 Prise Zucker, 1 Tasse Wasser,
1 Tasse Milch, 1 Eigelb, 1 Teel. Speisestärke,
1 Bund Dill.
Pro Portion ca. 160 Kalorien.

Die Gurken schälen, längs halbieren und die Kerne mit einem Teelöffel herausnehmen. Das Fruchtfleisch in $^1/_2$ cm breite Streifen schneiden und nun die Zwiebeln schälen und grob hacken. Butter oder Margarine und Zwiebelwürfel gelb dünsten. Gurken, Salz, Zucker und 1 Tasse Wasser dazugeben und zugedeckt 15 Minuten dünsten. Milch mit Eigelb und Speisestärke verquirlen, zu den Gurken rühren und einmal aufkochen. Das Gemüse mit Salz abschmecken und feingeschnittenen Dill daruntermischen. Dazu Bratkartoffeln und Schinken oder Braten essen.

Gebratene Tomatenhälften

Sie gelingen am besten in kunststoffbeschichteter Pfanne

**Zutaten für 4 Portionen:
8 mittelgroße Tomaten,
1 Zwiebel, 1 Knoblauchzehe, 1/2 Bund Petersilie,
1 Eßl. Semmelbrösel,
2 Eßl. Butter oder Margarine, Salz, Pfeffer, Mehl.
Pro Portion ca. 120 Kalorien (ohne Fleisch und Pommes frites).**

Stielansatz der Tomaten herauslösen und die Früchte quer durchschneiden. Zwiebel und Knoblauchzehe schälen und zusammen mit der Petersilie fein hacken, die Semmelbrösel daruntermischen. Das Fett in einer Pfanne erhitzen. Die Tomaten salzen, pfeffern, mit der Schnittfläche in Mehl tauchen und dann sofort in das heiße Fett legen. Etwa 2 Minuten braten, umdrehen, noch 2 Minuten weiterbraten und nun die Kräuter-Zwiebel-Masse auf die Tomaten streuen. Einige Male mit dem Bratfett begießen, anrichten. Dazu gibt es Rumpsteaks, Pommes frites und vielleicht noch Kräuterbutter.

Spaghetti alla Carbonara

Gönnen Sie sich dazu italienischen Rotwein

Zutaten für 4 Portionen:
375 g Spaghetti, Salz, 250 g roher Schinken, 1 kleine Dose Sardellenfilets, 1 Bund Petersilie, 6—8 Eier, Pfeffer, Muskat, geriebener Parmesankäse.
Pro Portion ca. 685 Kalorien.

Reichlich gesalzenes Wasser zum Kochen bringen, die Spaghetti hineinlegen und unter mehrmaligem Rühren etwa 8—10 Minuten kochen. Dann in ein Sieb schütten, kurz überbrausen und gut abtropfen lassen. Inzwischen den Schinken in etwa $1/3$ cm große Würfel schneiden, die Sardellenfilets und die Petersilie fein hacken. Eier mit Pfeffer und Muskat verquirlen. Den Schinken in einer Pfanne andünsten. Sardellenfilets, Petersilie und Eier dazugeben und ein lockeres Rührei machen. Die Spaghetti anrichten, das Rührei daraufgeben und dazu Parmesankäse und frischen Endiviensalat servieren.

Chicorée mit Schinken und Käse

Das gesunde Gemüse gibt es vom Oktober bis zum Mai

Zutaten für 4 Portionen:
8 Stück Chicorée, Saft von $^1/_2$ Zitrone, $^1/_2$ Teel. Aromat oder Fondor, 1 Prise Salz, $^1/_2$ l Wasser, 8 Scheiben gekochter Schinken, 8 Scheiben Emmentaler Käse, etwas scharfer Paprika.
Pro Portion ca. 300 Kalorien.

Chicorée kurz waschen und gut abtropfen lassen. Zitronensaft, Aromat oder Fondor, Salz und Wasser aufkochen, den Chicorée hineinlegen und zugedeckt 20 Minuten dünsten. Dann in eine Siebschüssel schütten und gut abtropfen lassen. Die Schinkenscheiben auf ein Holzbrett legen und je eine Chicoréestange darin einrollen. Alle dicht aneinander in eine feuerfeste Form legen, mit Käsescheiben zudecken und im Backofen oder unter dem Grill goldbraun werden lassen. Zuletzt mit etwas scharfem Paprika bestäuben und dazu Kartoffelpüree servieren.

Gebratener Chicorée

Trinken Sie dazu einen spritzigen Weißwein

Zutaten für 4 Portionen: 8 Stück Chicorée, Saft von 1/2 Zitrone, 1/2 Teel. Aromat oder Fondor, 1 Prise Salz, 1/2 l Wasser, 2 Eßl. Butter, weißer Pfeffer. Pro Portion ca. 110 Kalorien.

Den Chicorée waschen, gut abtropfen lassen und längs halbieren. Zitronensaft, Aromat oder Fondor, Salz und Wasser aufkochen, den Chicorée hineinlegen und zugedeckt 20 Minuten dünsten. Dann in eine Siebschüssel geben und gut abtropfen lassen. Butter in einer flachen Pfanne erhitzen, den Chicorée gut ausdrücken, hineinlegen, auf beiden Seiten anbraten und dabei mit etwas Pfeffer würzen. — Essen Sie dazu Schinken-Rührei, rohen Schinken und Pfannkuchen oder Kartoffelpüree, das Sie mit gebratenen Schinkenwürfeln gemischt haben.

Überbackene Kohlrabi

Dazu schmecken Corned beef und Bratkartoffeln

Zutaten für 4 Portionen:
6 bis 8 Kohlrabi, 1 Zwiebel, 1 Eßl. Butter oder Margarine, 2 Tassen Wasser, 1/2 Teel. Streuwürze, 1 Prise Salz, 1 Prise Zucker, 1/8 l frische Sahne, 1 Teel. Speisestärke, 1 Beutel geriebener Käse oder 50 g frisch geriebener Hartkäse. Pro Portion ca. 210 Kalorien.

Die Kohlrabistengel abbrechen und die Herzblätter in Streifen schneiden. Die Schalen vom Wurzelende her abziehen, die Kohlrabi halbieren und in Scheiben schneiden. Die Zwiebelwürfel in Butter oder Margarine gelb dünsten, mit Wasser ablöschen und dann Streuwürze, Salz, Zucker und Kohlrabi dazugeben. Das Gemüse zugedeckt etwa 20 Minuten dünsten und in den letzten 5 Minuten die Blättchen mitgaren. Sahne mit Speisestärke verrühren, die Kohlrabi damit binden und in eine Auflaufform geben. Mit dem Käse bestreuen und 5 Minuten überbacken.

Bandnudeln mit Spinat

Mit Käse überbacken ein herrliches Gericht

Zutaten für 4 Portionen:
375 g Bandnudeln, Salz, 2 Zwiebeln, 1 Knoblauchzehe, 175 g Räucherspeck, 300 g tiefgekühlter Spinat, 1/4 l saure Sahne, 1 gehäufter Teel. Speisestärke, Salz, Muskat, Worcestersoße, 200 g Schweizer Käse.
Pro Portion ca. 830 Kalorien.

Bandnudeln 6—8 Minuten in reichlich Salzwasser kochen, abgießen, kalt überbrausen, gut abtropfen lassen, in eine feuerfeste Form geben. Zwiebeln und Knoblauchzehe schälen und fein hacken. Speck würfeln, glasig auslassen, Zwiebeln und Knoblauch darin gelb dünsten, den Spinat und 1/3 Tasse Wasser zugeben. Etwa 10 Minuten auf kleiner Flamme auftauen lassen. Die Sahne mit Speisestärke verquirlen, zum Spinat rühren und aufkochen. Mit Salz, Muskat und Worcestersoße abschmekken, über die Nudeln geben, dünne Käsescheiben darauflegen. Etwa 10 Minuten bei 200 Grad überbacken.

Gedünstete Kohlrabi

Im Juli ist Kohlrabi besonders zart und preiswert

Zutaten für 4 Portionen:
6 bis 8 Kohlrabi, 1 Zwiebel, 2 Eßl. Butter oder Margarine, 1 Tasse Wasser, 1 Prise Salz, 1 Prise Zucker.
Pro Portion ca. 120 Kalorien.

Die dicken Stengel abbrechen und die kleinen Herzblättchen in feine Streifen schneiden. Die Schalen der Kohlrabi von der Wurzelseite aus vorsichtig so abziehen, daß die Schale zum Schluß nur hauchdünn ist. Die Kohlrabi danach halbieren und in dünne Spalten schneiden. Die Zwiebel fein würfeln und in Butter oder Margarine goldgelb dünsten. Kohlrabi, Wasser, Salz und Zucker dazugeben und das Gemüse zugedeckt etwa 20 Minuten dünsten. Nach 15 Minuten die geschnittenen Kohlrabiblätter dazugeben und nach Wunsch 1/8 l frische Sahne dazugießen. Zu Schinken oder Hackbraten essen.

Makkaroni-Auflauf

Dazu schmecken Tomatensalat und spanischer Rotwein

Zutaten für 4 Portionen:
250 g Makkaroni, 2 Zwiebeln, 100 g Räucherspeck, 175 g Emmentaler Käse, 1 Eßl. Butter oder Margarine, 250 g Hackfleisch, 4 Eier, 1/8 l Milch, Pfeffer, Muskat, 1 Bund Schnittlauch.
Pro Portion ca. 850 Kalorien.

Die zerbrochenen Makkaroni etwa 8—12 Minuten in Salzwasser kochen, abgießen, kalt duschen und gut abtropfen lassen. Zwiebeln schälen und fein hacken, Speck und Käse in 1 cm große Würfel schneiden. Fett erhitzen, Speck darin glasig braten und die Zwiebeln gelb dünsten. Das Hackfleisch zugeben, mit einer Gabel zerteilen und kurz anbraten. Mit Makkaroni und Käse in eine gefettete Auflaufform schichten, Eier mit Milch, Pfeffer, Muskat und feingeschnittenem Schnittlauch verquirlen, darübergießen und bei 200 Grad etwa 40 Minuten überbacken.

Überbackenes Auberginengericht

Wenn Sie Gäste haben, servieren Sie Rosé-Wein dazu

Zutaten für 4 Portionen:
750 g Auberginen (Eierfrüchte), Salz, Mehl, 4 Eßl. Öl, 250 g Tomaten, 1 Zwiebel, 1 Knoblauchzehe, 250 g Schweinelende, Pfeffer, 50 g Emmentaler Käse. Pro Portion ca. 320 Kalorien.

Die Auberginen schälen. Dann längs in $1/2$ cm dicke Scheiben schneiden, salzen, 15 Minuten ziehen lassen, waschen, abtrocknen, mit etwas Pfeffer bestreuen, in Mehl wenden und in Öl goldgelb braten. Auberginen mit Tomatenscheiben in eine flache Auflaufform schichten. Gehackte Zwiebel und zerquetschten Knoblauch in dem Bratfett gelblich dünsten, das gewürfelte Fleisch 2 Minuten darin braten, salzen, pfeffern und über die Auberginen geben. Den Käse darüberreiben und das Gericht 5 Minuten überbacken.

Ungarisches Paprikagemüse

Ein Gaumenschmaus, der in kurzer Zeit fix und fertig ist

Zutaten für 4 Portionen:
3 Zwiebeln, 6 grüne Paprikaschoten, 50 g Räucherspeck, 3 Eßl. Öl, 1 gehäufter Teel. milder Paprika, 1/2 Dose geschälte Tomaten, Salz. Pro Portion ca. 270 Kalorien (ohne Steaks).

Die Zwiebeln schälen, die Paprikaschoten vierteln, entkernen und beides in Streifen schneiden. Den Räucherspeck fein würfeln, in Öl glasig werden lassen und die Zwiebelstreifen darin goldgelb dünsten. Dann die Paprikastreifen und das Paprikapulver darunterrühren und die Tomaten mit dem Saft dazugeben. Das Gericht salzen und auf schwacher Hitze dünsten, bis die Paprikastreifen weich sind. Das Gemüse nach Belieben abschmecken und dafür eventuell noch etwas Thymian verwenden. Dazu kleine Steaks servieren, die Sie aus einem Schweinelendchen geschnitten und in wenig Öl gebraten haben.

Champignonpfannkuchen

Sie können dafür auch andere Pilze nehmen

Zutaten für 4 Portionen:
500 g frische Champignons, 2 Zwiebeln, 1 Knoblauchzehe, 25 g Räucherspeck, 1 Eßl. gehackte Kräuter, 200 g Mehl, 2 Eßl. feine Haferflocken, 4 Eier, 1/2 l Milch, Salz, Pfeffer, Muskat, Margarine oder Öl zum Braten.
Pro Portion ca. 510 Kalorien.

Die Pilze putzen, schnell waschen, gut abtropfen lassen und in Scheiben schneiden. Zwiebeln und Knoblauch schälen und fein hacken. Den Speck würfeln und in einer Pfanne auslassen. Zwiebeln und Knoblauch darin goldgelb braten, dann die Pilze dazugeben, kurz anbraten und mit Salz und Pfeffer bestreuen. Mehl mit Haferflocken, Eiern, Milch, Salz, Pfeffer und Muskat gut verrühren, Pilze und Kräuter daruntermischen und davon Pfannkuchen braten. Die Pilzpfannkuchen auf einer Platte heiß halten und zu einem Salat aus Gurken, Tomaten und grünen und roten Paprikaschoten essen.

Maiscrêpes

Pfannkuchen, einmal ganz anders

Zutaten für 4 Portionen:
1/2 Dose Maiskörner, 125 g roher Schinken, 2 grüne Paprikaschoten, 200 g Mehl, 4 Eier, 1/4 l Milch, Salz, etwas scharfer Paprika, Margarine zum Braten.
Pro Portion ca. 520 Kalorien.

Schinken und entkernte Paprikaschoten in kleine Würfel schneiden. Das Mehl mit Eiern, Milch, Salz und etwas Paprika gut verrühren. Dann den Mais mit der Flüssigkeit, Schinken und Paprikawürfel daruntermischen. Margarine in einer kunststoffbeschichteten Pfanne erhitzen und darin kleine Crêpes (Pfannkuchen) braten. Die Maiscrêpes auf eine Platte legen und dazu grünen oder Tomatensalat servieren.

Spargelgemüse mit Kalbsschnitzel

Sie können auch Schinken dazu essen

Zutaten für 4 Portionen:
1 kg Brechspargel, 1/2 l Salzwasser, 1 Prise Zucker, 4 Kalbsschnitzel, Salz, Pfeffer, etwas Mehl, 100 g Butter, 1 Würfel Bratensaft, 1 Eigelb, Muskat.
Pro Portion ca. 420 Kalorien.

Den Spargel schälen, mit Zucker in kochendes Salzwasser geben und 30 Minuten kochen. Das Fleisch mit Salz und Pfeffer würzen und in etwas Mehl wenden. 1 Eßlöffel Butter in einer Pfanne erhitzen, die Kalbsschnitzel darin auf jeder Seite etwa 3 Minuten braten und anrichten. Bratensaftwürfel und 1/8 l Wasser in die Pfanne geben, durchkochen und die Kalbsschnitzel damit übergießen. Die übrige Butter schmelzen (nicht erhitzen!) und das rohe Eigelb schnell darunterrühren. Diese Soße mit Salz und Muskat würzen und über den abgetropften Spargel geben.

Grünkohl mit Kasseler

Vorher oder nachher einen eiskalten Aquavit servieren!

**Zutaten für 4 Portionen:
1 kg Grünkohl, 4 Zwiebeln, 2 Eßl. Schweineschmalz oder Pflanzenfett, Salz, Pfeffer, 1 Teel. Zucker, 500 g Kasseler-Rippchen, 6 Nelken, 1/2 l Wasser, 1 Eßl. Bratensoßenpulver, 1—2 Eßl. Senf.
Pro Portion ca. 540 Kalorien.**

Den Grünkohl von den Rippen abstreifen, waschen und mit 1/2 Tasse Salzwasser 5 Minuten zugedeckt kochen. Dann abgießen und grob hacken. Die Zwiebeln schälen, würfeln und im Fett gelblich dünsten. Den Grünkohl, etwas Salz, Pfeffer und den Zucker dazugeben. Das Fleisch mit den Nelken bestecken, hineinlegen und mit dem Wasser übergießen. Das Gericht zugedeckt etwa 1 Stunde kochen, das Kasseler aufschneiden. Soßenpulver mit wenig Wasser verquirlen, zum Grünkohl rühren, mit Senf abschmecken und gebratene Kartoffeln dazu servieren.

Gemüseplatte

Mit Schinken oder Spiegeleiern eine vollwertige Mahlzeit

**Zutaten für 4 Portionen:
1 kleiner Kopf Blumenkohl, 250 g junger Spinat, 4 Tomaten, 2 Zwiebeln, 1 Knoblauchzehe, 2 Scheiben gekochter Schinken, 2 Eßl. Butter, Salz, Pfeffer, Muskat, Erbsen und Karotten nach Belieben.
Pro Portion ca. 200 Kalorien.**

Tomaten einschneiden und innen salzen. Zwiebeln und Knoblauch schälen und getrennt hacken, den Schinken würfeln. 1 Eßlöffel Butter und die Hälfte der Zwiebel kurz erhitzen, Blumenkohl, 1 Tasse Wasser, Salz und Muskat hinzufügen, zudecken und etwa 20 Minuten dünsten. Zwiebelrest und Knoblauch in Butter gelb dünsten. Spinat, Salz und Pfeffer hineingießen, zudecken und etwa 5 Minuten dünsten. Tomaten und etwas Butter in einer geschlossenen Pfanne 5 Minuten dünsten. Alles zusammen anrichten, dazu je nach Wunsch Erbsen und Karotten.

Panierte Selleriescheiben

Ein Essen für den fleischlosen Tag

**Zutaten für 4 Portionen:
3 mittelgroße Knollen Sellerie, Salz, Pfeffer, Saft von 1/2 Zitrone, etwas Mehl, 2 Eier, Semmelbrösel, 2 Eßl. Butter oder Margarine.
Pro Portion ca. 150 Kalorien.**

Die Sellerieknollen unter Wasser gut abschrubben, in einen passenden hohen Topf geben, mit Wasser bedekken und 1 Stunde kochen. Danach schälen und in 1/2 cm dicke Scheiben schneiden. Die Selleriescheiben mit Salz, Pfeffer und Zitronensaft würzen und 10 Minuten ziehen lassen. Dann nacheinander in Mehl, verquirltem Ei und Semmelbröseln wenden und in erhitzter Butter oder Margarine goldbraun braten. Auf heißer Platte anrichten und eingelegte Paprikastreifen darauflegen. Dazu gibt es Tomatensoße und Salzkartoffeln. Oder wenn Sie das lieber mögen: Remoulade und Kartoffelsalat dazu essen.

Überbackener Blumenkohl mit Schinken

Auch als Hauptgericht vollwertig

Zutaten für 4 Portionen:
1 Kopf Blumenkohl, 1 Eßl. Butter oder Margarine, 2 Zwiebeln, 1/4 l Wasser, 1/8 l Milch, 2 Teel. Aromat oder Fondor, Salz, Muskat, 1/8 l saure Sahne, 1 Eigelb, 100 g geriebener Schweizer Käse, 2 Teel. Speisestärke, 250 g gekochter Schinken in Scheiben.
Pro Portion ca. 460 Kalorien.

Den Blumenkohl, die Röschen nach unten, ca. 10 Minuten in leicht gesalzenes kaltes Wasser legen, um etwa vorhandene Raupen zu entfernen. Zwiebelwürfel in dem Fett gelb werden lassen, mit Wasser, Milch, Aromat oder Fondor, 1 Prise Salz und Muskat aufkochen, den Blumenkohl einlegen und zugedeckt 25—30 Minuten dünsten. Anschließend herausnehmen und warm stellen. Die Sahne mit Eigelb, 50 g Käse und Stärkemehl verrühren, die Blumenkohlbrühe damit binden, aufkochen und den angerichteten Blumenkohl mit dieser Soße begießen. Mit Schinkenrollen umlegen, mit dem restlichen Käse bestreuen und goldbraun überbacken.

Blumenkohl mit Ei und Bröseln

Nahrhaft — schmackhaft — kalorienarm

Zutaten für 4 Portionen:
1 Kopf Blumenkohl, 3/8 l Wasser, 2 Teel. Aromat oder Fondor, Salz, Muskat, 3 Eier, 2 Eßl. Butter oder Margarine, 3 Eßl. Paniermehl, 1/2 Eßl. gehackte Petersilie.
Pro Portion ca. 210 Kalorien.

Blumenkohl, die Röschen nach unten, 10 Minuten in kaltes Salzwasser legen, um eventuell vorhandene Raupen zu entfernen, 3/8 l Wasser mit Aromat oder Fondor, Salz und Muskat aufkochen und den Blumenkohl in dieser Flüssigkeit ca. 25—30 Minuten dünsten. Die Eier hartkochen und grob hacken. Paniermehl in Butter hellbraun rösten, den gut abgetropften Blumenkohl anrichten, mit den Bröseln begießen, mit dem Ei und gehackter Petersilie bestreuen und heiß servieren. Tip: An Stelle von Paniermehl können zerdrückte Cornflakes oder zerdrückte Kräckers verwendet werden. Ein Schuß Milch im Kochwasser erhält den Blumenkohl weiß.

Gefüllte Auberginen

Mit Reis oder Teigwaren servieren

Zutaten für 4 Portionen:
4 Auberginen, Salz, 4 Eßl. Öl, 3 Zwiebeln, 1 Zehe Knoblauch, 250 g gemischtes Hackfleisch, Salz, Pfeffer, 1 Dose Tomatenmark (ca. 70 g), 2 Eßl. geriebener Käse, $^3/_8$ l Wasser, 1 Beutel Tomatensoße. Pro Portion ca. 550 Kalorien.

Die Auberginen längs halbieren und das Fleisch mit einem Messer leicht einritzen, salzen und ca. 15 Minuten mit einer Schüssel beschweren, damit der bittere Saft auslaufen kann. Das Fleisch aus den Auberginen nehmen und kleinhacken, mit Zwiebelwürfeln in Öl anschwitzen, zerriebenen Knoblauch und Hackfleisch zugeben, kurz anbraten, mit Salz und Pfeffer würzen und Tomatenmark sowie einen Löffel Käse untermischen. In die Auberginenhälften die Füllung verteilen und in einer feuerfesten Platte, mit Käse bestreut und mit Tomatensoße (aus $^3/_8$ l Flüssigkeit) umgossen, bei 200 Grad ca. 35 Minuten garen. Gefüllte Auberginen mit Reis, Teigwaren oder Kartoffeln sowie einer Salatplatte reichen.

Gefüllte Paprikaschoten

Auch Fleischreste mit Reis ergeben eine gute Füllung

Zutaten für 4 Portionen: 4 große Paprikaschoten, 2 Zwiebeln, 375 g Schweinemett, 1 Tasse bereits gekochter Reis, Salz, Pfeffer, gehackte Petersilie, 1 Eßl. geriebener Käse, $^3/_8$ l Fleischbrühe, 1 Dose Tomatenmark, $^1/_8$ l saure Sahne, 2 Teel. Stärkemehl. Pro Portion ca. 600 Kalorien.

Die Paprikaschoten quer halbieren, Stiel und Kerne entfernen. Zwiebelwürfel, Schweinemett, Reis, Salz, Pfeffer und Petersilie vermischen und in die Paprikaschoten füllen, in einen Topf setzen und mit Käse bestreuen. Die heiße Fleischbrühe mit Tomatenmark verrühren, die Paprikaschoten damit umgießen, zudecken und garschmoren lassen. Die Paprikaschoten anrichten, die Sahne mit Stärkemehl verrühren, die Soße damit binden, aufkochen lassen und mit den Paprikaschoten reichen. Dazu locker-kernigen Reis servieren.

Steinpilze in Rahmsoße

Steinpilze sind eine wahre Gaumenfreude für Kenner

Zutaten für 4 Portionen:
1 kg frische Steinpilze oder Mischpilze, 100 g Räucherspeck, 1 Eßl. Butter oder Margarine, 2 Zwiebeln, 1 Knoblauchzehe, 1/2 Teel. Thymian, 1 Teel. milder Paprika, 1/4 l saure Sahne, 1 Teel. Speisestärke, 1 Eßl. gehackte Petersilie.
Pro Portion ca. 480 Kalorien.

Die geputzten und abgetropften Pilze in Streifen schneiden. Den Speck würfeln, in Fett glasig auslassen, Zwiebelwürfel darin braun werden lassen, zerdrückten Knoblauch und die Pilze zugeben und ca. 5 Minuten anbraten. Mit Thymian und Paprika würzen. Saure Sahne mit Speisestärke verrühren, daruntermischen, aufkochen, pikant abschmecken, anrichten und mit gehackter Petersilie bestreuen. Zu den Steinpilzen können Kartoffeln oder Reis gereicht werden. Tip: Sind keine frischen Pilze vorhanden, so können auch Dosenpilze verwendet werden. Diese gut abtropfen lassen und einen Teil der Flüssigkeit zur Zubereitung verwenden.

Stangenspargel mit Champignons

Roher oder gekochter Schinken schmeckt gut dazu

Zutaten für 4 Portionen:
1,5 kg Stangenspargel, Salz, 1 Prise Zucker, 1/4 Dose Champignons, 2 Eßl. Butter, 1 Eßl. gehackte Petersilie, 2 Eßl. Semmelbrösel, 2 Eier.
Pro Portion ca. 220 Kalorien.

Den Spargel dünn schälen, in kochendes Salzwasser geben und mit 1 Prise Zucker in ca. 30 Min. garkochen, anrichten. Champignons abtropfen lassen, in der Butter erhitzen, leicht salzen, mit den Spargeln anrichten, mit Petersilie bestreuen. Die Semmelbrösel im restlichen Fett bräunen, über den Spargel geben und mit hartgekochten Eiern belegen. Als Beilagen dazu Hamburger Rauchfleisch oder rohen Schinken sowie Salzkartoffeln oder dünne Pfannkuchen und nach Belieben verschiedene Salate reichen.

Spargel „Mailänder Art“

Für Feinschmecker eine besondere Delikatesse

Zutaten für 4 Portionen:
1,5 kg Stangenspargel, Salz, 1 Prise Zucker, 150 g geriebener Schweizer Käse, Muskat, etwas Aromat oder Fondor, 2 Eßl. Butter oder Margarine.
Pro Portion ca. 310 Kalorien.

Den Stangenspargel dünn schälen, in kochendes Salzwasser geben und mit 1 Prise Zucker ca. 30 Min. garen, anrichten. Geriebenen Schweizer Käse daraufgeben, Muskat und etwas Aromat oder Fondor darüberstreuen und mit der zerlassenen Butter begießen. Bei Oberhitze oder unter dem Grill ganz kurz überbacken (ca. 2 bis 3 Min.), bis die Oberfläche goldgelb ist. Als Beilagen gekochten Schinken und Salzkartoffeln reichen.

Champignonragout im Reisrand

Wenn's geht, frische Wiesenchampignons verwenden

Zutaten für 4 Portionen: 500 g frische Champignons, 1 Eßl. Butter oder Margarine, 50 g Räucherspeck, 1 Zwiebel, 1 Knoblauchzehe, 1/8 l Rotwein, 1 Päckchen oder Beutel Bratensoße, 1/8 l saure Sahne, 2 Tassen Reis, 4 Tassen Fleischbrühe aus Brühwürfeln, 2 Tomaten, 1 Tasse grüne Erbsen.
Pro Portion ca. 615 Kalorien.

Die Champignons waschen und gut abtropfen lassen. Gewürfelten Räucherspeck in dem Fett glasig, gehackte Zwiebeln darin hellbraun werden lassen, zerdrückten Knoblauch zugeben, mit Rotwein ablöschen und die Champignons darin 5 Minuten dünsten. Die Bratensoße mit saurer Sahne anrühren, zu den Champignons geben, kurz aufkochen und pikant mit Salz und Pfeffer abschmecken. Den Reis mit etwas Öl verrühren, mit heißer Fleischbrühe auffüllen und zugedeckt ca. 20 Minuten kochen. Unter den gegarten Reis 2 geschälte, in Würfel geschnittene Tomaten und die gut abgetropften grünen Erbsen mischen, den Reis in eine ausgespülte Reisrandform füllen, stürzen. Das Champignonragout einfüllen.

Berner Rösti

Ein einfaches, aber schmackhaftes Rezept

Zutaten für 4 Portionen:
1,5 kg Pellkartoffeln, am Vortag gekocht, 2 Eßl. Butter oder Margarine, 6 Eßl. Öl, Salz.
Pro Portion ca. 490 Kalorien.

Die geschälten Kartoffeln hobeln (mit dem Rettichhobel), das Fett und Öl in einer Pfanne erhitzen, die Kartoffeln darin anbraten, salzen und mehrmals wenden. Zuletzt die Kartoffeln in der Pfanne etwas andrücken und auf der Unterseite goldbraun werden lassen. Die Berner Rösti auf eine Platte stürzen und mit beliebigen Salaten oder Aufschnitt servieren. Tip: Käse-Rösti: Unter die nach obigen Angaben angebratenen Kartoffeln zuletzt geriebenen Schweizer Käse geben und wie angegeben weiterbehandeln. Mit Petersilie schön garnieren.

Überbackene Béchamel-Kartoffeln

Der Haushofmeister Ludwigs XIV. erfand dieses Gericht

**Zutaten für 4 Portionen:
1,5 kg Kartoffeln, 1/4 l Fleischbrühe aus Brühwürfeln, 1/4 l Milch, Muskat, 2 Eßl. Butter oder Margarine, 2 Zwiebeln, 2 Eßl. Mehl, 150 g geriebener Schweizer Käse.
Pro Portion ca. 590 Kalorien.**

Die geschälten rohen Kartoffeln in 1/2 cm dicke Scheiben schneiden und in Fleischbrühe mit Milch und Muskat ca. 20 Minuten kochen. Zwiebelwürfel in Fett hell, Mehl darin gelblich werden lassen, etwas abkühlen und mit der heißen Kartoffelbrühe auffüllen. Diese Soße aufkochen, wieder zu den Kartoffeln geben und ca. 5 Minuten weiterkochen. Die Béchamel-Kartoffeln in ein feuerfestes Gefäß geben, mit geriebenem Käse bestreuen, mit zerlassenem Fett beträufeln, unter dem Grill ca. 10 Minuten goldbraun überbacken und sofort mit Salaten servieren.

Dicke Bohnen mit Speck

Dieses Dicke-Bohnen-Rezept schadet nicht der Linie

Zutaten für 4 Portionen:
2 Pakete à 300 g dicke Bohnen (Tiefkühlprodukt), 1/4 l Fleischbrühe aus Brühwürfeln, 1 Zweig oder 1/2 Teel. Bohnenkraut, 50 g Speck, 1 Eßl. Butter oder Margarine, 2 Zwiebeln, 1 Eßl. Mehl, 1/4 l Milch, Salz, Pfeffer.
Pro Portion ca. 480 Kalorien.

Die gefrosteten dicken Bohnen in Fleischbrühe mit Bohnenkraut zugedeckt nach Vorschrift gardünsten. Unabhängig davon den Speck würfeln, bei schwacher Hitze glasig werden lassen, Fett und Zwiebelwürfel zugeben, Mehl beifügen und alles gelblich werden lassen. Mit kalter Milch und der heißen Bohnenflüssigkeit auffüllen, aufkochen, zu den Bohnen geben und diese noch ca. 5 Minuten mit der Soße durchkochen. Das Gemüse zuletzt mit Salz und Pfeffer pikant abschmecken und sofort anrichten.

Grüne Bohnen mit Tomaten

Mit Bohnenkraut bereitet — besonders aromatisch

**Zutaten für 4 Portionen:
1 kg Brechbohnen oder
2 Pakete à ca. 300 g
Tiefkühl-Brechbohnen, 1/8 l
Fleischbrühe aus Brühwürfeln, 1 Zweig oder
1/2 Teel. Bohnenkraut,
100 g Räucherspeck,
1 Teel. Butter oder
Margarine, 2 Zwiebeln,
500 g Tomaten, Salz, Pfeffer.
Pro Portion ca. 300 Kalorien.**

Die Bohnen vorbereiten (frische Bohnen putzen, waschen und in Stücke brechen), in Fleischbrühe mit Bohnenkraut ca. 25—30 Minuten dünsten. Unabhängig davon den Speck würfeln, in einer Pfanne auslassen, Fett zugeben, Zwiebelscheiben darin hellbraun werden lassen und die geschälten, in Spalten geschnittenen Tomaten beifügen. Die gegarten Bohnen abgießen, Speck, Zwiebeln und Tomaten untermischen und mit Salz und Pfeffer pikant abschmecken. Als Beilage zu Steaks oder Braten reichen.

Erbsengemüse auf französische Art

Tiefgekühlte Erbsen sind preiswerter geworden!

Zutaten für 4 Portionen:
5 kleine Zwiebeln, 5 grüne Kopfsalatblätter, 1 Eßl. Butter oder Margarine, 1 Tasse Wasser, 1/2 Teel. Streuwürze, 1 Paket tiefgekühlte Erbsen (300 g), Salz, Pfeffer, 1 Stück Würfelzucker, 2 gestrichene Teel. Speisestärke.
Pro Portion ca. 125 Kalorien.

Die Zwiebeln schälen und achteln, den Kopfsalat waschen und in Streifen schneiden. Beides mit Butter oder Margarine, Wasser und Streuwürze (Fondor oder Aromat) 5 Minuten dünsten. Die gefrorenen Erbsen, Salz, Pfeffer und den Würfelzucker zu Zwiebeln und Kopfsalat geben und zugedeckt 3 Minuten dünsten. Speisestärke mit 1/3 Tasse kaltem Wasser verrühren, zum Gemüse rühren und aufkochen. Das Erbsengemüse abschmecken und zu Kalbsbraten, würzigen Speckpfannkuchen, gebratenen Hähnchen oder gebratener Ente servieren.

Überbackener Blattspinat

So mögen ihn auch Spinatmuffel

Zutaten für 4 Portionen:
750 g junger Spinat,
1 kg gekochte Kartoffeln,
1 Zwiebel, 1 Knoblauchzehe,
1 Teel. Streuwürze, Salz,
2 Eßl. Margarine,
250 g Emmentaler Käse.
Pro Portion ca. 600 Kalorien.

Die Blattstiele abschneiden und den Spinat waschen. Die Zwiebel und den Knoblauch schälen und fein hacken. Beides in der Margarine dünsten, den Spinat dazugeben, würzen und zugedeckt 5 Minuten weiterdünsten. Inzwischen den Käse reiben. Kartoffeln in Scheiben in eine flache feuerfeste Form schütten, mit der Hälfte des Käses bestreuen. Den Blattspinat (ohne Brühe) darauf verteilen, mit dem restlichen Käse zudecken und das Gericht bei 220 Grad etwa 10 Minuten überbacken. Dazu Spiegeleier oder Rührei mit Schinken servieren.

Süßspeisen

Erdbeersahne

Himbeeren eignen sich ebensogut

Zutaten für 4 Portionen:
500 g Erdbeeren, 3 Eßl. Puderzucker, Saft $^1/_2$ Zitrone, etwas abgeriebene Orangenschale, $^3/_8$ l süße Sahne, 4 Teel. san-apart oder 2 Päckchen sahnesteif, 2 Päckchen Vanillinzucker.
Pro Portion ca. 270 Kalorien.

Die Erdbeeren mit einer Gabel leicht zerdrücken, Puderzucker, Zitronensaft und abgeriebene Orangenschale untermischen und zugedeckt ca. 1 Stunde kühl stellen. Sahne nach Vorschrift mit san-apart oder sahnesteif schlagen, Vanillinzucker zugeben und die Erdbeeren vorsichtig unterheben. Die Erdbeersahne in Gläser füllen und mit Gebäck servieren. Tip: Soll die Erdbeersahne längere Zeit vor dem Verzehr zubereitet werden, so gibt man unter die Sahne anstatt san-apart oder sahnesteif 3 Blatt weiße oder rote Gelatine.

Königsrolle mit Himbeer-Orangen-Soße

Auch mit Tiefkühl-Himbeeren eine Köstlichkeit

Zutaten für 4 Portionen:
1 Königsrolle (im Handel erhältlich), 250 g frische Himbeeren, 1/2 Tasse Zucker, 1/2 Tasse frischer Orangensaft, 1 Teel. geschnittene Orangenschale, 2—3 Likörgläser Himbeergeist, Kirschwasser od. Weinbrand. Pro Portion ca. 390 Kalorien.

Die Eisrolle auf gut gekühlter Glasplatte anrichten und wieder ins Tiefkühlfach stellen. Himbeeren durch ein Drahtsieb drücken, den Zucker mit Orangensaft und Orangenschale 2—3 Minuten kochen, Himbeermark zugeben und mit Himbeergeist, Kirschwasser oder Weinbrand abschmecken. Die Königsrolle mit der erkalteten Himbeer-Orangen-Soße umgießen, nach Belieben mit gehobelten Mandeln bestreuen. Tip: An Stelle von frischen Himbeeren können auch Tiefkühl-Himbeeren oder -Erdbeeren verwendet werden. In diesem Fall reicht 1/4 Tasse Zucker für den Orangensirup, da die Tiefkühlbeeren mehr oder weniger gesüßt sind.

Vanille-Eiscreme mit heißer Schokolade

Kurz vor dem Servieren anrichten

Zutaten für 4 Portionen:
1 Haushaltspackung Vanille-Eiscreme, 1/2 Dose Kompottfrüchte (Pfirsiche, Birnen oder Fruchtcocktail), 1/2 Tasse Fruchtsaft, 1/2 Tasse Zucker, 1 Tafel Schokolade oder 2—3 gehäufte Eßl. Kakao.
Pro Portion ca. 540 Kalorien.

Die Eiscreme mit einem Löffel abstechen und in 4 gut gekühlte Gläser verteilen, mit Früchten belegen und in das Tiefkühlfach stellen. Den Fruchtsaft aus der Dose mit Zucker 2—3 Minuten kochen, danach zerkleinerte Schokolade oder Kakao zufügen und noch einmal kurz durchkochen lassen. Nach Geschmack mit etwas geriebener Orangen- oder Zitronenschale, gewürfeltem kandiertem Ingwer oder Ingwerpulver abschmecken. Die Schokoladensoße heiß zu der Vanille-Eiscreme servieren. Dazu beliebiges Gebäck — am besten Eiswaffeln — reichen.

Aprikosenkaltschale

Gehobelte Mandeln — beliebte Ergänzung

Zutaten für 4 Portionen:
1 kg reife Aprikosen, 100 g Zucker, 1/2 l Wasser, Saft und dünn abgeschälte Schale einer Zitrone, 2 Eßl. kalifornische Rosinen, 1 Eßl. Stärkemehl, 2 Eiweiß, 1 Prise Salz, 1 Eßl. Zucker, 1/4 l Weißwein.
Pro Portion ca. 362 Kalorien.

Die Aprikosen entsteinen, mit Zucker, Wasser, Zitronenschale und -saft 5 Minuten kochen und durch ein Sieb drücken. Den Saft mit Rosinen aufkochen, mit kalt angerührtem Stärkemehl binden, in das mit einer Prise Salz geschlagene Eiweiß den Zucker rühren, unter die heiße Aprikosenmischung geben. Die gut gekühlte Kaltschale mit Weißwein verrühren, abschmecken und nach Belieben mit Cornflakes oder gehobelten Mandeln bestreuen, kühl servieren.

Semmelschmarrn mit Kirschen

Ein schnelles Essen, das satt macht

Zutaten für 4 Portionen:
500 g Sauerkirschen,
2 Eßl. Zucker, 1 Tasse Wasser, 6 Brötchen, 1/8 l frische Sahne, 1/4 l Milch, 3 Eier, 1 Eßl. Zucker, 2 Eßl. Butter oder Margarine.
Pro Portion ca. 545 Kalorien.

Die Sauerkirschen entstielen und waschen. Zucker und Wasser aufkochen und die Sauerkirschen 5 Minuten darin kochen. Die Brötchen in Scheiben schneiden und Sahne, Milch, Eier und Zucker miteinander verquirlen. Brötchen und Eiermilch mischen und 5 Minuten stehen lassen. Fett in einer großen Pfanne erhitzen, die Brötchen hineingeben und in etwa 5 Minuten rundherum goldgelb braten. Die gut abgetropften Sauerkirschen daruntermischen und den Semmelschmarrn auf einer heißen Platte anrichten. Dazu am besten heißen Kaffee trinken.

Dänische Rote Grütze mit flüssiger Sahne

Schmeckt bei großer Hitze besonders gut

Zutaten für 4 Portionen:
250 g Himberen, 250 g rote Johannisbeeren, $^3/_8$ l Wasser, 150 g Zucker, 60 g Speisestärke.
Pro Portion ca. 225 Kalorien.

Himbeeren und Johannisbeeren waschen und in $^3/_8$ l Wasser 3 Min. kochen. Durch ein feines Haarsieb passieren und so viel Wasser dazugießen, bis es $^3/_4$ l sind. Den Zucker dazugeben und den Saft aufkochen. Speisestärke mit etwas kaltem Wasser verquirlen, zum Saft rühren und die Rote Grütze kurz durchkochen. In eine kalt ausgespülte Schüssel füllen und kalt werden lassen. Dann in der Schüssel servieren und dazu flüssige Sahne oder frische Milch anrichten. Wenn Sie die Grütze stürzen möchten, müssen Sie etwa 90 g Speisestärke nehmen.

Fruchtkaltschale mit Stachelbeeren

Wenn es schnell gehen soll: Stachelbeeren aus dem Glas

Zutaten für 4 Portionen:
500 g grüne Stachelbeeren, 125 g Zucker, 1 Glas Weißwein, $^3/_4$ l Wasser. Schale von $^1/_4$ Zitrone, 50 g Sago.
Pro Portion ca. 250 Kalorien.

Die Stachelbeeren putzen und waschen. Zucker, Weißwein, Wasser und Zitronenschale zusammen aufkochen, die Stachelbeeren darin 3 Minuten kochen. Die Hälfte der Stachelbeeren mit einem Sieblöffel herausnehmen, die übrigen Beeren in der Flüssigkeit mit einem Schneebesen zerschlagen oder durch ein Sieb streichen. Die Suppe aufkochen, den Sago hineinrühren und 12 Minuten leise kochen lassen. Dann die ganzen Stachelbeeren wieder hineinlegen und den Topf in kaltes Wasser stellen. Kalt servieren. Kann aber auch lauwarm gegessen werden.

Dampfnudeln mit Pflaumenkompott

Auch Slibowitz oder Rum „würzt" gut

Zutaten für 4 Portionen:
1 kg Pflaumen, 1/2 Tasse Wasser oder Weißwein, 75 g Zucker, 1 Päckchen Vanillinzucker, 1 Stück Zimtstange, nach Belieben 1 Likörglas Kirschwasser oder Weinbrand. — Dampfnudeln: 350 g Mehl, 1 Prise Salz, 20 g Hefe, knapp 1/8 l Milch, 100 g Margarine, 2 Eier, 60 g Zucker. — Zum Garen: 1 1/2 Tassen Milch, 1 Eßl. Butter, 2 Eßl. Zucker.
Pro Portion ca. 900 Kalorien.

Wasser oder Weißwein mit Zucker, Vanillinzucker und Zimt aufkochen und die entsteinten Pflaumen darin etwa 5 Minuten dünsten. Mit Rum, Slibowitz oder Weinbrand „würzen« und kalt stellen. — Hefe mit lauwarmer Milch und etwas Mehl verrühren und gehen lassen. Dann das übrige Mehl, zerlassenes Fett, Eier, Salz und Zucker dazugeben und den Teig schlagen, bis er Blasen wirft. 15 bis 18 Teigkugeln machen und wieder gehen lassen. Danach Milch, Butter und Zucker bei Stufe 2 in einer kunststoffbeschichteten Pfanne aufkochen, Hefeklöße hineinlegen und zugedeckt in 10 Minuten garen lassen.

Überbackene Marzipanpfirsiche

Wer mag, kann Johannisbeergelee dazu essen

**Zutaten für 4 Portionen:
4 frische Pfirsiche, 2 Eßl. rote Fruchtmarmelade oder Fruchtgelee, 75 g Mandeln, 1 Ei, 2 gehäufte Eßl. Puderzucker, $^1/_8$ l süße Sahne, eventuell 1 Eßl. Rum, Kirschwasser, Himbeergeist oder Weinbrand.
Pro Portion ca. 435 Kalorien.**

Die Pfirsiche in heißes Wasser tauchen, abziehen, entkernen und abtropfen lassen. Dann $^1/_2$ Teelöffel Marmelade oder Fruchtgelee in die Höhlung füllen und die Pfirsiche mit der Schnittfläche nach unten in eine feuerfeste Form setzen. Die Mandeln kurz in kochendes Wasser legen, abgießen und abziehen. Dann mit Ei, Puderzucker, Sahne, Rum, Kirschwasser oder Weinbrand in den Mixer geben und darin 1 Minute pürieren. Die Pfirsiche mit dieser Marzipanmasse übergießen. 5 Minuten überbacken und kalt oder heiß essen. Die Marzipancreme können Sie auch aus 100 g Rohmarzipan, 1 Ei, Sahne und Rum machen.

Johannisbeerkaltschale

Eine besondere Erfrischung an heißen Tagen

Zutaten für 4 Portionen:
1 kg Johannisbeeren, ca. 150 g Zucker, 1/2 l Wasser, 2 Eiweiß, 1 Prise Salz, 1 Eßl. Zucker, 80 g Sago, Streifen von Orange oder Zitrone.
Pro Portion ca. 336 Kalorien.

Die Beeren entsaften. Wasser mit Zucker aufkochen. Eiweiß mit Salz zu Schnee schlagen, einen Eßlöffel Zucker unterheben. Mit einem Teelöffel von der Eiweißmasse Klößchen abstechen und in das heiße Zuckerwasser geben, zugedeckt 5 Minuten ziehen, aber nicht kochen lassen. Die Klößchen herausnehmen und abkühlen lassen. Sago in das wieder erhitzte Zuckerwasser einrühren und ausquellen lassen, diese Masse erkaltet unter den Johannisbeersaft rühren und eventuell noch nachsüßen. Die gut gekühlte Kaltschale in einer Terrine anrichten, mit Eiweißklößchen belegen und mit Orangen- oder Zitronenstreifen bestreuen, eventuell noch Beeren als Einlage dazugeben. Hierzu Löffelbiskuits reichen.

Aprikosenschaum

Eine herrliche Schlemmerei mit wenig Kalorien

Zutaten für 4 Portionen:
1/2 Dose Aprikosen, 3 Eiweiß, 3 gehäufte Eßl. Zucker, Saft von 1/2 Zitrone, 2 Likörgläser Apricot Brandy.
Pro Portion ca. 150 Kalorien.

Die Aprikosen im Mixer sehr fein pürieren. Das Eiweiß in eine fettfreie Schüssel geben und möglichst mit einem Handrührgerät oder einer kleinen Küchenmaschine zu sehr steifem Schnee schlagen. Dann den Zucker und den Zitronensaft hinzufügen und gut unterschlagen. Das Aprikosenpüree dazugeben und noch 3 Minuten weiterrühren. Mit Apricot Brandy abschmecken, in eine kalte Glasschüssel füllen. Dazu Löffelbiskuits reichen. Oder den Aprikosenschaum eingefrieren und nach kurzem Aufschlagen mit einem Schneebesen als Aprikosensorbet reichen.

Gefüllte Eis-Äpfel

Mit etwas Schlagsahne eine kleine Zwischenmahlzeit

Zutaten für 4 Portionen:
4 mittelgroße Äpfel (Golden Delicious), 1/8 l Wasser, 1/4 l Weißwein, Saft von 1/2 Zitrone, 2 Eßl. Zucker, 2 bis 3 Eßl. rote Marmelade oder rotes Gelee, 1 Familienpackung Fürst-Pückler-Eiscreme.
Pro Portion ca. 390 Kalorien.

Die Äpfel schälen, einen Deckel abschneiden und das Innere aushöhlen. Wasser, Weißwein, Zitronensaft und Zucker aufkochen, die Äpfel darin 5 Minuten ziehen und dann in dem Sirup kalt werden lassen. Danach aus dem Saft heben, gut abtropfen lassen, auf Glasteller legen und in den Kühlschrank stellen. Den Saft mit der Marmelade oder dem Gelee verrühren und nach Belieben noch mit Rum, Brombeerlikör oder Orangenlikör abschmecken. Die Äpfel mit Fürst-Pückler-Eiscreme füllen, mit der roten Fruchtsoße umgießen und dann sofort servieren.

Bratäpfel

Empfehlenswert sind dafür Golden Delicious und Boskop

Zutaten für 4 Portionen:
4 große Äpfel, 2 Eßl. Sultaninen, 2 Eßl. abgezogene, feingeriebene Mandeln, 1 Eßl. Honig, 1 Eßl. Butter oder Margarine, 1/2 Tasse Weißwein.
Pro Portion ca. 270 Kalorien.

Kerngehäuse ausstechen und die Schale ringsum mit einem spitzen Messer leicht einritzen. Sultaninen, Mandeln und Honig vermischen und die Äpfel damit füllen. Dann in eine flache feuerfeste Form setzen, mit Butterflocken belegen, mit Weißwein beträufeln, bei 200 Grad in den Backofen (rechtzeitig einschalten!) stellen. Die Äpfel ca. 35 Minuten braten und dann heiß oder kalt servieren. Tip: Sie können die Äpfel auch einzeln in Alufolie wickeln und in der Holzkohlenglut des Gartengrills garen. Die Garzeit für die Bratäpfel bleibt dabei dieselbe.

Mokkasorbet

Muntert auf, wenn's heiß ist

Zutaten für 4 Portionen:
1/2 l Milch, 125 g Zucker, 3 gehäufte Teel. Pulverkaffee, 2 Eiweiß, 1 Prise Salz.
Pro Portion ca. 210 Kalorien.

Milch mit Zucker und Pulverkaffee erhitzen, bis sich der Zucker aufgelöst hat (bitte nicht kochen!). Die Flüssigkeit abkühlen lassen und dann möglichst über Nacht im Gefrierschrank frosten lassen. Am Tag darauf zwei sauber abgelassene Eiweiß mit 1 Prise Salz in einer fettfreien Schüssel zu sehr steifem Schnee schlagen. Die Eismasse gut darunterschlagen und die Creme nochmals etwa 1 Stunde oder länger gefrieren. Dann kurz mit dem Handmixer schlagen und in ganz kalten Gläsern servieren. Ein besonders gutes Dessert oder eine Aufmunterung am Nachmittag, wenn es schrecklich heiß ist.

Weincreme

Zum festlichen Essen ein passender Abschluß

Zutaten für 4 Portionen:
1/4 l Weißwein, Saft und Abgeriebenes 1/2 Zitrone, 3 Eigelb, 3 gehäufte Eßl. Zucker, 6 Blatt helle Gelatine, 1/4 l süße Sahne, einige Maraschinokirschen und Trauben.
Pro Portion ca. 220 Kalorien.

Weißwein, abgeriebene Zitronenschale und Zitronensaft, Eigelb und Zucker im Wasserbad gut schaumig schlagen. Die Creme muß dabei dicklich werden. Die in kaltem Wasser 5 Minuten eingeweichte Gelatine ausdrücken, unter die Eiercreme geben, kalt stellen und dabei einige Male umrühren. Vor dem Stocken der Creme 1/4 l geschlagene Sahne unterheben. Die Creme in Gläser oder in eine Schüssel füllen und mit kleingehackten Maraschinokirschen und Trauben hübsch garnieren.

Johannisbeersorbet

Mit roten oder schwarzen Johannisbeeren

Zutaten für 4 Portionen:
125 g Zucker, 1/4 l Wasser,
375 g Johannisbeeren,
Saft von 1/4 Zitrone,
1 Eiweiß.
Pro Portion ca. 170 Kalorien.

Zucker und Wasser 5 Minuten kochen und danach kalt stellen. Inzwischen die Johannisbeeren waschen und dann durch ein Sieb streichen. Den kalten Zuckersirup mit dem Früchtepüree vermischen, in eine Eiswürfelform mit Gitter geben und im Eiswürfelfach 2 bis 3 Stunden gefrieren. Eiweiß ganz steif schlagen, die fein zerstoßenen Fruchtsaftwürfel und den Zitronensaft daruntermischen. Mit dem Schneebesen oder einem Handmixer schlagen, bis die Eiscreme ganz schaumig ist. Sofort anrichten oder noch etwa 1/2 Stunde gefrieren lassen. Mit einem Eßlöffel Eisklöße davon abstechen.

Himbeer-Eiscreme

Auch Früchte wie Erdbeeren oder Kirschen eignen sich

Zutaten für 4 Portionen:
375 g Himbeeren,
3 Eßl. Zucker, 1 Eßl. Zitronensaft,
$^1/_4$ l frische Sahne, 2 Päckchen Vanillinzucker.
Pro Portion ca. 280 Kalorien.

Die Himbeeren verlesen, waschen und auf einem Sieb abtropfen lassen. Dann etwa $^2/_3$ der Früchte im Mixer pürieren oder durch ein Sieb streichen (Kirschen vorher entsteinen). Den Fruchtbrei mit Zucker und Zitronensaft vermischen, kalt stellen und dabei gleich den Kühlschrank ganz kalt einstellen. Sahne steifschlagen. Zuerst Vanillinzucker und dann das Himbeerpüree darunterziehen. Die Creme in die Eiswürfelform füllen, ins Eiswürfelfach oder in Gefriertruhe stellen und etwa 2 Stunden gefrieren lassen. Dann umrühren und noch eine Stunde gefrieren. Mit Früchten in Gläsern anrichten.

Pfirsiche mit Brombeersoße

Mit Likör, Rum, Kirschwasser oder Weinbrand

Zutaten für 4 Portionen:
4 frische Pfirsiche,
2 geh. Eßl. Zucker,
1 Päckchen Vanillinzucker, 125 g Brombeeren,
2 Likörgläser roter Fruchtlikör oder Weinbrand,
Saft 1/2 Zitrone, 1/8 l süße Sahne, 1/2 Beutel gehobelte Mandeln.
Pro Portion ca. 285 Kalorien.

Die Pfirsiche in heißes Wasser tauchen, abziehen, halbieren und entkernen. 1 Tasse Wasser, Zucker und Vanillinzucker in flachem Topf erhitzen und die Pfirsiche darin 5 Minuten dünsten. Nun herausnehmen und die Brombeeren darin kurz aufkochen. Soße abkühlen lassen, mit Likör und Zitronensaft abschmecken. Die Pfirsiche mit der Schnittfläche nach oben in eine Glasschüssel setzen. Sahne schlagen, mit etwas Zucker süßen und in die Pfirsiche spritzen. Mit gerösteten Mandeln bestreuen. Brombeersoße dazu servieren.

Brombeertorte

Ein idealer Nachtisch für den Eintopf-Tag

Zutaten für 16 Stück:
4 Eier, 75 g Zucker, 1 Prise Salz, 75 g Mehl, 25 g geschälte, gemahlene Mandeln, 3/8 l frische Sahne, 1 1/2 Päckchen sahnesteif oder 3 Teel. san-apart, 1 Päckchen Vanillinzucker, 300—500 g gut reife Brombeeren, Puderzucker.
Pro Stück 155 Kalorien

Eigelb und Zucker schaumig rühren. Das Eiweiß mit 1 Prise Salz ganz steif schlagen und auf die Eigelbcreme geben. Mehl darübersieben, die Mandeln dazugeben und alles locker vermischen. Eine kunststoffbeschichtete Pfanne auf Stufe 1 erhitzen, 1 Teelöffel Butter darin zerlassen und den Teig hineinfüllen. Den Deckel mit geöffneter Lüftung auflegen und den Kuchen 20 Minuten backen. Danach auf ein Gitter stürzen und abkühlen lassen. Sahne mit sahnesteif oder san-apart schlagen, mit Vanillinzucker süßen, auf den Tortenboden streichen. Mit Brombeeren belegen und Puderzucker bestäuben.

Zitronensorbet

Vitaminreich — und herrlich erfrischend

Zutaten für 4 Portionen:
1/4 l Wasser, 1/4 l Weißwein, 125 g Zucker, Saft von 4 bis 5 Zitronen, 2 Eiweiß, 1 Prise Salz.
Pro Portion ca. 190 Kalorien.

Wasser, Weißwein und Zucker aufkochen und bei schwacher Hitze 10 Minuten weiterkochen. Den Zitronensaft dazugießen und die Flüssigkeit kalt werden lassen. Dann am besten über Nacht ins Tiefkühlfach stellen. Am anderen Tag zwei sauber vom Eigelb getrennte Eiweiß in einer fettfreien Schüssel mit 1 Prise Salz zu ganz steifem Schnee schlagen. Dann die Zitronenmasse gut darunterschlagen und das Sorbet noch einmal 1 Stunde oder länger kalt stellen. Das Zitronensorbet in ganz kalten Gläsern servieren und dazu trockenes Gebäck reichen.

Schokoladenpfannkuchen

Servieren Sie dazu Vanillesoße

Zutaten für 4 Portionen: Teig: 250 g Mehl, 1 Prise Salz, 3/8 l Wasser, 3 Eier, 2 Eßl. Butter oder Margarine. Füllung: 1/2 l Milch, 50 g Butter oder Margarine, 4 gehäufte Eßl. Kaba, 2 gehäufte Eßl. Zucker, 1 Prise Salz, 2 Eigelb, 2 geh. Eßl. Speisestärke. Soße: 1/2 l Milch, 1 Päckchen Vanillinzucker, 1 Eßl. Zucker, 2 Eiweiß. Pro Portion ca. 820 Kalorien.

Mehl, Salz, Wasser und Eier zu Pfannkuchenteig rühren, in Fett Pfannkuchen braten und abkühlen lassen. Füllung: Milch aufkochen, Butter, Kaba, Zucker und Salz gut unterrühren. Eigelb mit Speisestärke und 1/3 Tasse Milch verrühren. Erhitzte Milch damit binden, Creme noch heiß auf die Pfannkuchen streichen, abkühlen lassen, zu Rouladen rollen. Ca. 5—6 cm lange Stücke schneiden, in eine ausgefettete feuerfeste Form füllen. Soße: Milch mit Vanillinzucker und Zucker aufkochen, 1 P. angerührtes Vanillesoßenpulver unterrühren, vom Feuer nehmen, steifen Schnee unterrühren. Rouladen mit Soße umgießen, in der Röhre bei 175 Grad ca. 25 Minuten backen.

Apfel-Reis-Auflauf

Als Soße: Apfelsirup, mit roter Marmelade gemischt

**Zutaten für 4 Portionen:
200 g Milchreis, 1 l kalte Milch, 1 Eßl. Butter,
1 Prise Salz,
4 Eier, 1½ kg Äpfel, geschält, entkernt, geviertelt, 2 Eßl. Zucker, Saft von 1 Zitrone, etwas Zimtstange, 3 Eßl. Zucker.
Pro Portion ca. 600 Kalorien.**

Reis mit Milch, Butter und Salz bei schwacher Hitze ca. 40 Min. garen, vom Feuer nehmen. Äpfel mit Zucker, Zitronensaft, Zimtstange und ½ Tasse Wasser ca. 5 Min. dünsten. Den warmen Reis mit 4 Eigelb verrühren, eine gefettete feuerfeste Form mit einer Lage belegen, darauf die abgetropften Äpfel und darüber den Reisrest geben. Das Eiweiß mit 1 Prise Salz zu steifem Schnee schlagen und zuletzt 3 Eßl. Zucker gut unterschlagen, auf die Reismasse streichen, mit Puderzucker bestäuben, auf mittlerer Schiene bei ca. 200 Grad ca. 20 Min. backen. Apfelsirup mit roter Marmelade mischen und dazu servieren.

Rum-Mokka-Creme

Mit Schlagsahne garniert, einfach köstlich

Zutaten für 4 Portionen:
4 Eßl. Rosinen,
3 Likörgläser Rum, 1/2 l Milch, 3 gehäufte Eßl. Zucker, 30 g Stärkemehl, 5 Teel. Pulverkaffee, 2 Eier, 1 Prise Salz.
Pro Portion ca. 320 Kalorien.

Die Rosinen heiß waschen, abtrocknen, mit dem Rum übergießen, zudecken. Die Milch mit Zucker aufkochen, Stärkemehl und Pulverkaffee mit wenig kalter Milch anrühren und die kochende Milch damit binden. Das sauber abgelassene Eiweiß mit der Prise Salz zu steifem Schnee schlagen, das Eigelb ganz kurz unterrühren und unter die heiße Creme heben. Die Rosinen mit dem Rum untermischen und die Creme in Kaffeetassen, Gläser oder in eine große Schüssel füllen. Erkalten lassen und mit Waffelröllchen, gehobelten Mandeln und nach Belieben mit Schlagsahne garnieren.

Reis Trauttmansdorff

Nach einem österreichischen Adelsgeschlecht benannt

Zutaten für 4 Portionen:
125 g Reis, 1/2 l Milch, 1 Prise Salz, 1 Stück Zitronenschale, 3 Eßl. Zucker, 1/2 Dose gemischte Früchte, 1/4 l süße Sahne, 4 Blatt helle Gelatine.
Pro Portion ca. 570 Kalorien.

Milch erhitzen; Reis, Salz und Zitronenschale zugeben und bei schwacher Hitzezufuhr ca. 35 Minuten garen. Zuletzt Zucker unterrühren und den Reis kalt stellen. Früchte abgießen und gut abtropfen lassen. Gelatine in kaltem Wasser 5 Minuten aufquellen lassen, in 1 Tasse erhitztem Fruchtsaft auflösen. Geschlagene Sahne, Früchte und die Gelatineflüssigkeit unter den Milchreis geben. Alles in eine kalt ausgespülte Form drücken und im Kühlschrank ca. 1 Stunde kalt stellen. Den Reis Trauttmansdorff durch Eintauchen der Form in heißes Wasser stürzen und dazu Himbeersirup (im Handel erhältlich) geben.

Soufflé Grand Marnier

Ein köstliches Dessert für besondere Gelegenheiten

Zutaten für 4 Portionen:
4 Eier, 100 g Zucker,
2 Päckchen Vanillinzucker, 30 g Mehl, 1/4 l Milch,
1 Teel. Butter, 3 Likörgläser Orangenlikör,
8—10 Löffelbiskuits.
Pro Portion ca. 350 Kalorien.

Eigelb mit Zucker und Vanillinzucker gut verrühren, mit Mehl vermischen. Die Milch aufkochen, unter Rühren zu der Eigelb-Zucker-Masse geben, auf dem Feuer die Masse unter ständigem Rühren einmal kurz aufkochen. Danach die Butter und 1 Likörglas Orangenlikör untermischen. Eiweiß mit etwas Salz zu Schnee schlagen, unter die nur noch warme Masse heben. Eine gefettete und mit Zucker bestreute feuerfeste Form bis zur Hälfte mit der Masse füllen, darauf die mit Likör getränkten Löffelbiskuits legen, die restliche Masse bis knapp 2 cm unter den Rand einfüllen und bei etwa 180 Grad auf der Mittelschiene ca. 25 Minuten backen.

Karamelcreme

Für besondere Leckermäuler

Zutaten für 4 Portionen:
1 Eßl. Butter oder Margarine, 100 g Zucker, 1/2 Tasse Wasser, 1/2 l Milch, 6 Eier, 2 Päckchen Vanillinzucker und 2 gehäufte Eßl. Zucker.
Pro Portion ca. 400 Kalorien.

Fett zerlassen, Zucker zugeben, unter ständigem Rühren zu Karamel werden lassen. Mit Wasser ablöschen, zu dickem Sirup kochen und diesen in 4 Metallförmchen oder Kaffeetassen gießen und erstarren lassen. Die Milch aufkochen und zu den mit Vanillinzucker und Zucker verrührten Eiern geben. Diese Eiermilch in die Tassen oder Förmchen füllen und im Wasserbad, ohne zu kochen, gar ziehen lassen. Beim Garen legt man den Deckel halb auf, die Garzeit beträgt ca. 40 Min. Die Karamelcreme stürzen, den unten in den Förmchen festsitzenden Karamel mit etwas heißem Wasser lösen und als Soße das gekühlte Dessert damit umgießen.

Schokoladencreme

Mit Sahnetupfer und Mandarinenschnitzen garnieren

Zutaten für 4 Portionen:
4 Eigelb, 2 Eßl. Zucker, 1/2 Tafel grob zerkl. Schokolade, 1 Eßl. Kakao, 1 Teel. Pulverkaffee, 1 Prise Zimt, 1/4 l Milch, 4 Bl. helle Gelatine, 1/4 l süße Sahne, 1 P. Vanillinzucker, 1—2 Likörgläser Rum.
Pro Portion ca. 320 Kalorien.

Eigelb mit Zucker verrühren, Schokolade, Kakao, Pulverkaffee und Zimt zugeben, die heiße Milch beifügen und diese Masse im kochenden Wasserbad ca. 2—3 Min. schlagen. Die in kaltem Wasser eingeweichte Gelatine gut ausdrücken und in die heiße Creme geben. Die Creme kalt stellen und vor dem Stocken die geschlagene, mit Vanillinzucker gesüßte Sahne unterheben. Mit Rum oder Weinbrand abschmecken. Die Schokoladencreme in kalt ausgespülte Gläser füllen und ca. 1—2 Stunden kalt stellen.

Aprikosen „Negus“

Ein Nachtisch mit viel Effekt und wenig Arbeit

Zutaten für 4 Portionen:
1 kleine Dose Aprikosen,
1 Eßl. Zucker,
1 Päckchen Vanillinzucker, 1 Likörglas Apricot-Brandy, 1 Paket (250 g) Vanille-Schokoladen-Eiscreme, 1/4 l Schlagsahne.
Pro Portion ca. 360 Kalorien.

Aprikosen mit Saft, Zucker und Vanillinzucker aufkochen und wieder erkalten lassen. Dann Apricot-Brandy daruntergeben. Die Sahne steifschlagen. Von der Vanille-Schokoladen-Eiscreme mit einem in heißes Wasser getauchten Eßlöffel Späne abschaben. In Gläser verteilen, die Aprikosen daraufgeben und das Aprikosendessert mit steifgeschlagener Sahne garnieren. Aprikosen „Negus“ ist ein Nachtisch, der allen Leckermäulern schmeckt und effektvoll aussieht, er macht außerdem nur sehr wenig Arbeit.

Avocado-Fruchtsalat

Das zarte Aroma dieser Frucht wird Ihnen gefallen

Zutaten für 4 Portionen:
3 Orangen, 1 Eßl. Zucker, 1 Prise Ingwer, 1 Päckchen Vanillinzucker, 2 Avocados, 2 Bananen, 1 Likörglas Orangenlikör.
Pro Portion ca. 430 Kalorien.

Orangen schälen und das Fruchtfleisch mit spitzem Messer enthäuten. Den Saft aus den Resten drücken. Mit Zucker, Ingwer und Vanillinzucker 2 Minuten kochen. Dann abkühlen lassen. Die Avocados längs bis zum Kern durchschneiden und die Hälften voneinander trennen. Das Fruchtfleisch bis $^1/_2$ cm von der Schale entfernt herauslösen. Bananen schälen, in Scheiben schneiden und mit dem Fruchtfleisch von Avocados und Orangen mischen. Den Zuckersirup mit dem Likör mischen und über den Fruchtsalat gießen. In die Avocadohälften füllen.

Bananen „Copacabana“

Ersetzen Sie die Bananen einmal durch Ananas

Zutaten für 4 Portionen:
1/2 Likörglas Rum,
2 gehäufte Eßl. Zucker,
4 Bananen, 1 Eßl. Kakao,
1/2 Tafel (50 g) Schokolade, 1/2 Teel. Pulverkaffee, 1 Paket (250 g) Vanille-Eiscreme.
Pro Portion ca. 370 Kalorien.

1/8 l Wasser, Rum und Zucker aufkochen und beiseite stellen. Geschälte Bananen in diese Zuckerlösung schneiden, 1 Minute kochen. Dann mit einem Sieblöffel herausheben und auf 4 Glasteller verteilen. Kakao, zerbröckelte Schokolade und Pulverkaffee in den Sirup geben und unter Rühren auflösen. Einen Eßlöffel in heißes Wasser tauchen und damit von der Vanille-Eiscreme dicke Späne schaben, zu den Bananen geben und das Dessert mit der Soße übergießen.

Pfirsich „Noisette"

Mit Schlagsahne wird dieses Dessert noch üppiger

Zutaten für 4 Portionen:
4 Eßl. Johannisbeergelee, 2 Eßl. Bienenhonig, 2 Eßl. Haselnüsse, 4 Pfirsichhälften aus der Dose, 1 Paket (250 g) Vanille-Eiscreme.
Pro Portion ca. 300 Kalorien.

Johannisbeergelee und Bienenhonig miteinander zu einer Soße verrühren. Die Haselnüsse in einer Pfanne trockenrösten, die braunen Häutchen abreiben und die Nüsse grob zerkleinern. Die Dessertgläser 10 Minuten vor dem Füllen in den Kühlschrank stellen. Dann die Vanille-Eiscreme mit einem in heißes Wasser getauchten Eßlöffel abstechen und hineingeben. Pfirsichhälften darauflegen und mit der Soße übergießen. Mit den gehackten Nüssen bestreuen. Tip: Für besondere Liebhaber süßer Desserts mit Sahnetupfer garnieren.

Himbeer-Wein-Gelee

Gut gekühlt — besonders delikat

Zutaten für 4 Portionen:
500 g Himbeeren,
2 Eßl. Puderzucker,
1 Likörglas Weinbrand, Kirschwasser oder Himbeergeist, 3/8 l Weißwein,
2 gehäufte Eßl. Zucker,
6 Blatt weiße Gelatine,
1/4 l süße Sahne, 1 Päckchen Vanillinzucker.
Pro Portion ca. 410 Kalorien.

Die Himbeeren mit Puderzucker, Weinbrand eine Stunde marinieren. 1/8 l Weißwein erhitzen. Die Gelatine darin auflösen, zu dem restlichen Weißwein mischen und Zucker unterrühren. Die Himbeeren in Gläser oder kleine Förmchen verteilen, mit dem kalten, aber noch nicht gestockten Weißwein auffüllen und kalt stellen. Das Himbeer-Wein-Gelee mit geschlagener, mit Vanillinzucker beliebig stark gesüßter Sahne garnieren.

Fruchtgelee

Der Fantasie sind keine Grenzen gesetzt

Zutaten für 4 Portionen:
3/8 l Fruchtsaft (von Kompottfrüchten oder frisch), Saft 1 Zitrone, 6 Blatt weiße Gelatine, 1 gehäufter Eßl. Zucker, 500 g frische Früchte oder 1/1-Dose beliebige Früchte, Sahne.
Pro Portion ca. 220 Kalorien.

1/8 l Fruchtsaft erhitzen, die zuvor 5 Min. in kaltem Wasser eingeweichte und danach gut ausgedrückte Gelatine zugeben und auflösen, zu dem restlichen Fruchtsaft geben und Zitronensaft und Zucker unterrühren. Die Früchte in kleine Förmchen verteilen, mit dem Fruchtsaft auffüllen und kalt stellen. Durch Eintauchen der Förmchen in heißes Wasser das Fruchtgelee stürzen und mit geschlagener, mit Vanillinzucker gesüßter Sahne garnieren. Tip: Werden frische Früchte verwendet, Zuckermenge um 1—2 Eßlöffel erhöhen.

Omelett mit Rum

Echte Omeletts werden immer ohne Mehl bereitet

Zutaten für 4 Portionen:
5—6 Eier, 2—3 Eßl. Milch, 1 Prise Salz, 1 Eßl. Butter oder Margarine, 3—4 Eßl. Aprikosenmarmelade, Rum, 2 Eßl. Zucker, 2—3 Scheiben Ananas.
Pro Portion ca. 270 Kalorien.

Eier mit Milch und Salz gut verquirlen. Fett in einer Pfanne aufschäumen lassen, Eimasse hineingeben und mit der Gabel rühren, dabei die Pfanne schütteln. Die leicht gestockte Eimasse oval zusammenschieben. Aprikosenmarmelade mit 2 Eßlöffel Rum verrühren, in die Mitte des Omeletts geben. Die Omelettränder darüberschlagen, auf eine heiße Platte stürzen und das Omelett mit Zucker bestreuen. Eventuell mit einem glühend gemachten Eisenstab (im Fachhandel erhältlich) ein Gittermuster auf das Omelett brennen. Rum in eine kleine Schöpfkelle geben, an Flamme entzünden, brennend darübergießen. Mit Ananas umlegen, sofort servieren.

Kabinettpudding

Eine herrliche Restesüßspeise

Zutaten für 4 Portionen:
8—10 alte Brötchen, $^3/_4$ l Milch, 4—5 Eier, 1 Päckchen Vanillinzucker, 2—3 Eßl. Zucker, 50 g Rosinen, 1 Beutel gehobelte Mandeln, 2 Eßl. Zucker.
Pro Portion ca. 620 Kalorien.

Brötchen in dünne Scheiben schneiden und in eine mit Fett ausgestrichene feuerfeste Form geben. Milch mit Eiern, Vanillinzucker und Zucker verrühren, über die Brötchen gießen. Rosinen überstreuen und zugedeckt ca. 20 Minuten quellen lassen. Zuletzt gehobelte Mandeln und den restlichen Zucker aufstreuen. Den Kabinettpudding in der Backröhre bei 175° ca. 40 Minuten backen. Hierzu Vanillesoße (hergestellt aus Fertigprodukt) oder beliebiges Kompott reichen.

Pofesen

... auch Kartäuserklöße genannt

Zutaten für 4 Portionen:
4 Milchbrötchen, 4 Eßl. Marmelade, am besten Zwetschgenmus, mit etwas Rum verrührt, 1/2 l Milch, 3 Eier, 2 Päckchen Vanillinzucker, 1 Eßl. Zucker, 3 Eßl. Butter oder Margarine.
Pro Portion ca. 480 Kalorien.

Brötchen auseinanderbrechen, mit Marmelade füllen. Milch, Eier, Vanillinzucker und Zucker zusammen gut verrühren, die Brötchen mit dieser Milch übergießen und gut vollsaugen lassen. Die Pofesen in Fett goldgelb braten und anrichten. Mit Zucker und Zimt bestreuen. Tip: Die Brötchen für Pofesen können auch in Milch eingeweicht und dann in Ei und Semmelbröseln paniert und in heißem Fett gebacken werden. Man kann dazu auch Scheiben von Toastbrot nehmen. Dazu füllt man je zwei Scheiben mit der Marmelade, weicht in Milch und paniert. Auch kann man die Milch durch Wein ersetzen.

Zwetschgen- oder Marillenknödel

Eine österreichische Spezialität

Zutaten für 4 Portionen:
1 kg mehlige Kartoffeln,
2 Eßl. Butter oder
Margarine, 250 g Mehl,
2 Eier, 1 Prise Salz,
1 kg Zwetschgen
oder Marillen (Aprikosen),
Würfelzucker, 150 g
Butter oder Margarine,
100 g Semmelbrösel, 2 Eßl.
Puderzucker.
Pro Portion
ca. 1070 Kalorien.

Kartoffeln kochen, schälen und noch heiß durch die Kartoffelpresse drücken. Noch warm mit Fett, Mehl, Eiern und Salz verarbeiten, zu einer Rolle formen. Diese in dünne Scheiben schneiden. Die entsteinten Zwetschgen oder halbierten Aprikosen mit einem Stück Würfelzucker füllen, mit dem Teig umgeben und Knödel formen. Dabei muß man darauf achten, daß die Zwetschgen oder Aprikosen gut vom Teig umhüllt sind, der Teig aber trotzdem nicht zu dick ist. Die Knödel ca. 10 Minuten in siedendem Salzwasser kochen, mit dem Schaumlöffel herausnehmen, abtropfen lassen. Mit gebräunten Bröseln und Puderzucker bestreuen.

Reisschmarrn

Leckere Variation des bekannten Kaiserschmarrns

Zutaten für 4 Portionen:
$^3/_4$ l Milch, 1 Eßl. Butter oder Margarine, 200 g Reis, 1 Prise Salz, 2 Eier, 125 g Zucker, 2 Päckchen Vanillinzucker, 1 Teel. Zimt, Butter oder Margarine zum Braten.
Pro Portion ca. 710 Kalorien.

Milch, Fett, Reis und Salz erhitzen, den Reis ca. 40 Minuten aufquellen lassen, dann kalt stellen. Eigelb mit Zucker, Vanillinzucker und Zimt gut verrühren. Eiweiß zu steifem Schnee schlagen. Die Eigelbmasse zuerst unter den kalten Reis rühren, danach den Eischnee unterheben. Etwas von dieser Masse in eine Pfanne mit Fett geben, auf einer Seite anbraten lassen. Mit der Bratenschaufel wenden, die andere Seite anbraten. Mit zwei Gabeln den Pfannkuchen in Stücke reißen. So lange weiterbraten, bis die Schmarrn ringsum goldbraun sind. Auf warmer Platte anrichten, Zimtzucker aufstreuen, mit Kompott servieren.

Salzburger Nockerln

Fertige Nockerln sofort servieren

Zutaten für 4 Portionen: 3 Eier, 2 gehäufte Eßl. Zucker, 1 Päckchen Vanillinzucker, 1 gehäufter Eßl. Mehl, 1/2 Eßl. Butter oder Margarine. Pro Portion ca. 145 Kalorien.

Sauber abgelassenes Eiweiß in fettfreier Schüssel zu Schnee schlagen. Zucker und Vanillinzucker kurz unterrühren und ca. 3 Eßlöffel Eischnee wegnehmen, mit den 3 Eidottern verrühren, wieder zugeben. Das Mehl darübersieben und alles vorsichtig unterheben. In einer Pfanne Fett zerlassen. Mit 1 Eßlöffel 4 Nockerln (3kantig) einlegen. Diese auf der Unterseite goldbraun werden lassen. Dann andere Seite leicht anbräunen. Danach in der Röhre bei ca. 175 Grad 5 Minuten backen, mit Puderzucker bestäuben. Die Nockerln sollen innen noch cremig sein, darum Backzeit nicht überschreiten.

Kuchen
Kleingebäck
Torten

Elsässer Apfelkuchen

Nehmen Sie dafür Renetten oder Golden Delicious

Zutaten: 125 g Butter oder Margarine, Zucker, 1 Prise Salz, 250 g Mehl, knapp 1/8 l Wasser oder Weißwein, 1 kg Äpfel, 2 Eier, 2 Päckchen Vanillinzucker, abgeriebene Schale von 1 Zitrone, etwa 1/4 l saure Sahne.

Das Rezept ergibt 12 Stück Kuchen. 1 Stück enthält etwa 260 Kalorien.

Fett, 1 Eßlöffel Zucker und Salz schaumig rühren, gesiebtes Mehl daruntermischen, Wasser oder Weißwein dazurühren und den Teig 1/2 Stunde kühlen. Dann rund (35 cm ∅) ausrollen, in eine gefettete Springform (28 cm ∅) legen, den Rand andrücken und die Form kühl stellen. Äpfel schälen, halbieren, entkernen und die Rundungen einritzen. Auf den Teigboden setzen, mit 1 Eßlöffel Zucker bestreuen und bei 225 Grad 30 Minuten backen. Eier, Vanillinzucker, Zitronenschale und 50 g Zucker schaumig rühren, die Sahne darunterrühren, auf den Kuchen geben und noch etwa 10 Minuten backen.

Käse-Sahne-Torte mit Mandeln

Ein süßer Leckerbissen, den jeder mag

Zutaten:
1 Tortenboden, 1 kg Magerquark, 250 g Zucker, 2 Päckchen Vanillinzucker, abger. Schale und Saft von 1 Orange und 1 Zitrone, 12 Blatt helle Gelatine, 1/8 l Weißwein, 125 g grob geh. Mandeln, 1/2 l frische Sahne, 1 Beutel Mandelsplitter.
Pro Stück ca. 320 Kalorien.

Den Tortenboden auf eine Platte legen, den gefetteten Rand einer Springform daraufsetzen und innen mit einem Streifen Pergamentpapier belegen. Quark, Zucker, Vanillinzucker, Schale und Saft der Zitrusfrüchte gut miteinander verrühren. Die eingeweichte und ausgedrückte Gelatine in erhitztem Weißwein auflösen. Die Mandeln, dann die aufgelöste Gelatine zum Quark rühren. Die steife Schlagsahne darunterheben, in den Tortenrand füllen und im Kühlschrank fest werden lassen. Die goldgelb gerösteten Mandeln auf die Torte streuen und vielleicht zusätzlich mit Kirschen garnieren.

Nußcremerolle

Trinken Sie dazu eine gute Tasse Kaffee

Zutaten:
4 Eier, 4 Eßl. warmes Wasser, 100 g Zucker, 1 Päckchen Vanillinz., abger. Schale von 1 Zitrone, 100 g Mehl, 25 g Speisestärke, 1 Löffelspitze Backpulver, beliebiger Likör. Cremefüllung: 1 P. Tortencremepulver, 1/2 l Milch, 250 g Butter. Krokant: 2 Eßl. Butter, 3 gehäufte Eßl. Zucker, 150 g abgezogene, grobgehackte Mandeln. Pro Stück ca. 350 Kalorien.

Den Teig wie für die St.-Martins-Torte auf Seite 255 machen. 1 cm dick auf gefettetes Pergamentpapier streichen und bei 200 Grad 15 Minuten backen. Auf ein mit Zucker bestreutes Papier stürzen, das Pergamentpapier befeuchten und abziehen. Mit Likör beträufeln und mit dem Papier fest zusammenrollen. Die Creme wie empfohlen aus Tortencremepulver, Milch und Butter oder Margarine zubereiten. Butter erhitzen, Zucker hell bräunen und die Mandeln darin rösten. Auf geöltem Blech kalt werden lassen und zerkleinern. Den aufgerollten Biskuit mit der Creme füllen, mit Krokant bestreuen.

St.-Martins-Torte

Martinstag ist am 11. November

Zutaten:
4 Eier, 100 g Zucker, 3 Eßl. heißes Wasser, 75 g Mehl, 50 g Speisestärke, 1/2 gestr. Teel. Backpulver, 1/2 l frische Sahne, 2 Beutel sahnesteif oder 4 Teel. san-apart, 2 geh. Eßl. Puderzucker, 2 P. Vanillinzucker, 75 g geschälte, gem. Mandeln, 4 Likörgläser Weinbrand, 750 g blaue Trauben.
Pro Stück ca. 255 Kalorien.

Eigelb mit Zucker und Wasser schaumig rühren. Eiweiß steifschlagen. Mehl, Speisestärke und Backpulver mischen, mit dem Eischnee auf die Eigelbcreme geben und locker daruntermischen. Den Boden einer Springform (⌀ 25 cm) mit Pergamentpapier belegen, den Teig hineinfüllen und bei 180 Grad 35 Minuten backen. Die Sahne mit sahnesteif oder san-apart steifschlagen und dann Puderzucker, Vanillinzucker und Mandeln daruntermischen. Den kalten Tortenboden halbieren, mit Weinbrand beträufeln. Mit entkernten Trauben und Sahne füllen und garnieren.

Traubenschnitten

Mit einem Mandelboden, mit dem Sie Ehre einlegen

Zutaten: 4 Eier, 150 g Zucker, 250 g Mandeln, 1 gehäufter Eßl. Mehl, 1/2 Teel. Zimt, 1 Prise Salz, 3/8 l süße Sahne, 2 Päckchen sahnesteif oder 4 Teel. san-apart, 1 Päckchen Vanillinzucker, ca. 1 kg kernlose Weintrauben. 1 Stück ca. 320 Kalorien.

Das Eigelb mit Zucker gut schaumig rühren, Eiweiß mit einer Prise Salz zu sehr steifem Schnee schlagen, auf die Eigelbmasse geben, die Mandeln fein mahlen, mit Mehl und Zimt mischen, darüberstreuen, Masse mit einem Holzlöffel locker vermischen. Den Teig auf ein rechteckiges, mit Pergamentpapier belegtes Kuchenblech ca. 3 cm hoch aufstreichen. Bei 175 Grad ca. 25 Minuten backen. Erkalteten Mandelboden in Quadrate schneiden. Die Sahne nach Vorschrift mit sahnesteif oder san-apart und Vanillinzucker schlagen. Die Kuchenstücke mit gewaschenen Trauben belegen, mit Sahne garnieren.

Rehrücken

Überraschen Sie damit zum Advent-Kaffee

Zutaten:
4 Eier, 75 g Zucker,
1 Päckchen Vanillinzucker,
75 g ger. Mandeln, 75 g ger. Halbbitter-Schokolade, 1/2 geh. Teel. Zimt, 1 Eßl. kleingeh. Orangeat, 1 Eßl. kleingeh. Zitronat, 3 zerdrückte Zwieback,
2 Becher Schokoladen-Fettglasur, 50 g geschälte Mandeln.
Pro Stück ca. 185 Kalorien.

2 Eigelb und 2 Eier mit Zucker und Vanillinzucker schaumig rühren. Das Eiweiß zu steifem Schnee schlagen und auf die Eigelbmasse geben. Mandeln, Schokolade, Zimt, Orangeat, Zitronat und Zwieback darübergeben und locker daruntermischen. Eine Rehrückenform einfetten und mit Mehl bestäuben. Den Teig hineinfüllen und bei 175 Grad 45 Minuten backen. Dann stürzen und erkalten lassen. Schokoladen-Fettglasur wie empfohlen auflösen, über den Kuchen gießen und fest werden lassen. Die Mandeln in Stifte schneiden und den Rehrücken damit bestecken. Aufschneiden und zu Kaffee servieren. Eine festliche Überraschung.

Apfelkuchen

Mit Zucker, Zimt und Mandeln überstreut

Zutaten:
200 g Butter oder Margarine, abgeriebene Zitronenschale, 200 g Zucker, 1 Päckchen Vanillinzucker, 4 Eier, 275 g Mehl, ca. 1 kg Äpfel, 2 Eßl. Zucker, $^1/_2$ Teel. Zimt, 1 Beutel gehobelte Mandeln, Puderzucker.
1 Stück ca. 350 Kalorien.

Das geschmeidige Fett mit Zitronenschale schaumig rühren, Zucker, Vanillinzucker und die Eier nach und nach unterrühren, zuletzt das Mehl kurz untermischen. Den Teig auf ein mit Pergamentpapier belegtes großes Kuchenblech flach aufstreichen und reihenweise mit den in kleine Spalten geschnittenen Äpfeln belegen, mit Zucker und Zimt bestreuen und bei 200 Grad ca. 30 Minuten backen. Zuletzt die Mandeln überstreuen, mit Puderzucker bestäuben und in gleichmäßige Stücke schneiden.

Rumsavarin

Auch mit Cocktailfrüchten gefüllt gut

Zutaten für 4 Portionen:
Zum Teig:
250 g Mehl, 10 g Hefe, 4 Eßl. Milch, 3 Eßl. Zukker, 100 g Butter, 4 Eier, 1 Prise Salz. Zum Tränken des Savarins: 4 Eßl. Zucker, 4 Eßl. Wasser, Saft von 3 Orangen und 1 Zitrone, 1/2 Tasse Rum.
Zur Garnitur:
Orangen, Maraschinokirschen, 1/4 l süße Sahne, 1 Päckchen Vanillinzucker.
Pro Portion ca. 800 Kalorien.

Mehl warm stellen. Hefe mit lauwarmer Milch und 1/2 Teel. Zucker verrühren, zugießen, mit wenig Mehl vermischen. Mit Mehl bestäuben und zugedeckt an warmem Ort stehen lassen. Das zerlassene Fett, Eier, Zucker und Salz zum Mehl rühren und gut kneten. In eine ausgefettete Ringform füllen, nochmals gehen lassen. Bei 200 Grad ca. 40 Min. backen. Zucker mit Wasser, Orangen- und Zitronensaft 3—4 Minuten kochen, Rum zugeben und den Sirup in die Ringform gießen. Kuchen einlegen, so daß er den Sirup aufsaugt, stürzen, mit Orangen, Kirschen und Sahne garnieren.

Früchte im Rumteig

Rasch zubereitet und geschmacklich delikat

Zutaten für 4 Portionen:
1/4 l Milch, 2 Likörgläser Rum, 1 Löffelspitze Salz, 2 Eßl. Zucker, 8 gehäufte Eßl. Mehl, 1 gestrichener Teel. Backpulver, 2 Eßl. Öl, 1/2 Dose Ananas, 1/2 Dose Pfirsiche, Backfett.
Pro Portion ca. 500 Kalorien.

Die Milch mit Rum, Salz und Zucker verrühren, das Mehl mit dem Backpulver sieben, schnell in die Milch einrühren und 2 Eßlöffel Öl zufügen. Ananas und Pfirsiche gut abtropfen lassen und mit einem Tuch etwas abtrocknen, mit einer Gabel in Teig tauchen und in heißem Fett knusprig ausbacken. Die Früchte anrichten, nach Belieben mit etwas Zimt und Zucker oder Vanillinzucker bestreuen. Als Soße kann man dazu den Ananas- und Pfirsichsaft aufkochen, mit 1—2 Teelöffel kalt angerührter Speisestärke binden, kalt stellen und nach Belieben etwas rote Fruchtmarmelade, mit Rum und Zitronensaft verfeinert, untermischen.

Zwiebelkuchen

Er schmeckt gut zu neuem jungem Wein

Zutaten:
1 Paket Tiefkühl-Blätterteig, 6—8 große Zwiebeln, 125 g Butter oder Margarine, 1/4 l saure Sahne, 1 Becher Joghurt, 3 Eier, Salz, Pfeffer oder etwas scharfer Paprika, etwas gemahlener Kümmel, 3 gehäufte Teel. Speisestärke.
1 Stück ca. 400 Kalorien.

Den Blätterteig nach Vorschrift auftauen lassen, rund auswellen und ein Kuchenblech mit Wellenrand damit auslegen, mit einer Gabel den Teigboden mehrmals einstechen. Die Zwiebelstreifen in Fett langsam hell anschwitzen, bis sie fast weich sind, kalt stellen und danach Sahne, Joghurt, verquirlte Eier, Gewürze und Speisestärke untermischen. Den Teigboden mit der Zwiebelmasse füllen und bei 250 Grad ca. 25 Minuten backen. Warm zu neuem Wein oder frischem Apfelmost servieren.

Quiche Lorraine (Lothringer Specktorte)

Ein willkommener Abendimbiß

Zutaten für 4 Portionen:
1 Paket Tiefkühl-Blätterteig, 250 g Emmentaler Käse, 125 g Schinkenspeckscheiben, 3/8 l Milch, 3 Eier, 1 Eßl. Mehl, Pfeffer, Muskat.
1 Stück ca. 400 Kalorien.

Den Blätterteig nach Vorschrift auftauen lassen, rund auswellen und ein Kuchenblech mit Rand damit auslegen, mit einer Gabel den Teigboden mehrmals einstechen. Den Kuchenboden mit Käse- und Speckscheiben belegen und mit Milch, Eiern, Mehl und Gewürzen, alles gut verquirlt, übergießen. Bei 250 Grad in ca. 25 Min. backen. Die Lothringer Specktorte warm servieren. Diese Spezialität kann auch als warmer Abendimbiß gereicht werden.

Mandarinen-Haselnuß-Torte

Eine saftige Torte, die in der Pfanne gemacht wird

Zutaten:
5 Eier, 175 g Zucker, 1 Teel. Zimt, 200 g gem. Haselnüsse, 2 geh. Eßl. Mehl, 2 gestr. Teel. Backpulver, 1 Dose Mandarinen, 2 Eßl. Zucker.
Tip: Sie können die Torte auch in einer Springform backen: 50 Minuten bei 180 Grad.
Pro Stück ca. 247 Kalorien.

Eier, Zucker und Zimt gut schaumig rühren, Haselnüsse und das mit dem Mehl gemischte Backpulver daruntermischen. Eine Automatik-Kochplatte auf Stufe 7 einstellen, eine kunststoffbeschichtete Pfanne (24 cm ∅) daraufstellen, mit etwas Butter ausstreichen und den Teig hineinfüllen. Den Deckel aufsetzen, die Torte etwa 55 Minuten backen, dann auf ein Gitter stürzen und abkühlen lassen. Die Mandarinenstücke darauflegen und den Saft mit Zucker 5 Minuten kochen. Die Mandarinen mit dem Zuckersirup bestreichen und die Torte eventuell mit Schlagsahne und Haselnüssen schmücken.

Erdbeer-Blätterteig-Schnitten

Den Teig 3—4 Stunden vorher auftauen lassen

Zutaten für 4 Portionen:
1 Paket tiefgekühlter Blätterteig (250 g), 3 Eigelb, 100 g Zucker, 1 Päckchen Vanillinzucker, 30 g Mehl, 1/4 l Milch, 2 Likörgläser Orangenlikör, 250 g frische Erdbeeren, 1 Päckchen Mandelsplitter, Puderzucker.
Insgesamt ca. 2750 Kalorien.

Aufgetauten Teig auf leicht bemehltem Brett zu 10 cm breitem Streifen ausrollen. Quer durchschneiden, auf ein mit Wasser benetztes Blech setzen, mehrmals einstechen. Bei 220 Grad 20 Minuten backen, Eigelb mit Zucker, Vanillinzucker, Mehl und 3 Eßlöffeln Milch verquirlen. Übrige Milch aufkochen, zum Verquirlten rühren, wieder in den Topf geben, kurz aufkochen und abkühlen lassen. Orangenlikör hinzufügen, den abgekühlten Blätterteig damit bestreichen und in Stücke schneiden. Erdbeeren darauflegen und mit gerösteten Mandeln und Puderzucker bestreuen.

Zitronenspritzkuchen

Ein Gebäck, das noch warm am besten schmeckt

Zutaten für ca. 20 Stück: 50 g Margarine, 1/4 l Wasser, 1 Prise Salz, 1 geh. Eßl. Zucker, 125 g Mehl, 1 gestr. Teel. Backpulver, 2 Eier, 3 Eigelb, Backfett, 175 g Puderzucker, 2 Eßl. heißes Wasser, Saft und Abger. von 1/2 Zitrone. Pro Stück ca. 90 Kalorien.

Margarine, Wasser, Salz und Zucker aufkochen. Mehl mit Backpulver mischen, auf einmal ins kochende Wasser schütten und umrühren, bis sich der Teig vom Topfboden löst. Vom Feuer nehmen, 1 Ei darunterrühren, etwas abkühlen lassen, das zweite Ei und Eigelb nach und nach darunterrühren. Auf etwa 7 cm breite Pergamentstreifen Ringe spritzen, in heißes Backfett gleiten lassen und backen, bis sie doppelt so groß und hellbraun sind. Herausheben und gut abtropfen lassen. Puderzucker mit Wasser, Zitronensaft und Zitronenschale verrühren und die Spritzkuchen damit bepinseln.

Erdbeer-Quark-Torte

Unser Rezept zum Muttertag und für schöne Feste

Zutaten:
1 Biskuit-Tortenboden,
4 Blatt helle Gelatine,
250 g Magerquark, 75 g Zucker, 2 Päckchen Vanillinzucker, Saft und Abgeriebenes von 1 Orange, 1/4 l süße Sahne, 750 g Erdbeeren.
Pro Stück ca. 290 Kalorien.

Den Tortenboden auf eine Tortenplatte setzen und die Gelatine in kaltes Wasser legen. Quark mit Zucker, Vanillinzucker, Saft und abgeriebener Orangenschale schaumig rühren. Sahne steifschlagen und unter die Quarkcreme heben. Die Gelatine auflösen, schnell mit dem Schneebesen unter die Quarkcreme rühren und die Creme auf den Tortenboden streichen. Den Kuchen etwa 1 Stunde kalt stellen. Die Erdbeeren waschen, gut abtropfen lassen, entstielen, halbieren und die Torte damit belegen. Ganz nach Wunsch mit oder ohne Schlagsahne servieren.

Frühlingstorte

Kandierte Veilchen kaufen Sie in Konditoreien

Zutaten:
4 Eier, abger. Schale von 1/2 Zitrone, 1 Päckchen Vanillinzucker, 1/2 Fl. Bittermandelöl, Salz, 100 g Zucker, 200 g süße, geriebene Mandeln, 1/2 Teel. Zimt, 1 geh. Eßl. Mehl, 1 gestr. Teel. Backpulver, Schlagsahne zum Überziehen, kandierte Veilchen und geröstete Mandeln. Pro Stück ca. 170 Kalorien.

Eigelb, Zitronenschale, Vanillinzucker, Bittermandelöl und 50 g Zucker schaumig schlagen. Eiweiß und 1 Prise Salz steifschlagen. Zucker darunterschlagen und den Schnee auf die Eigelbcreme geben. Mandeln mit Zimt, Mehl und Backpulver mischen, auf den Eischnee geben und mit einem Schneebesen locker darunterheben. Eine Kuchenform einfetten, mit Zucker ausstreuen und den Teig hineinstreichen. Bei 180 Grad etwa 40 Minuten backen. Vor dem Servieren mit Eiweißglasur oder Schlagsahne überziehen und mit kandierten Veilchen und Mandeln garnieren.

Storchennester

Essen Sie das zarte Gebäck ganz frisch

Zutaten:
300 g Mehl, 1 Prise Salz, 1 Teel. Zucker, 1 Päckchen Vanillinzucker, 3 Eigelb, 1/8 bis 1/4 l saure Sahne, Öl oder Biskin zum Ausbacken, Zimt und Zucker zum Bestreuen.
Insgesamt ca. 1760 Kalorien.

Mehl in eine Schüssel sieben. Salz, Zucker, Vanillinzucker, Eigelb und so viel Sahne daruntermischen, daß ein fester Teig entsteht. Walnußgroße Kugeln daraus formen, die Teigkugeln auf ein bemehltes Brett legen, mit Mehl bestäuben und 1/2 Stunde ruhen lassen. Ausrollen, 1/2 cm breite Streifen einrädeln und dabei den Rand nicht verletzen. Jeden zweiten Teigstreifen mit einem Holzlöffelstiel aufheben, in das heiße Fett geben, kurz kreisend bewegen, hellbraun backen, abfetten, mit Zimt und Zucker bestreuen.

Osterlamm

Ein Tortenboden aus dem Teig ist auch lecker

Zutaten:
2 Eier, 1 Prise Salz,
2 gehäufte Eßl. Zucker,
1 Päckchen Vanillinzucker,
2 gehäufte Eßl. Mehl,
2 Eßl. geschälte, geriebene Mandeln, etwas Puderzucker.
Insgesamt ca. 550 Kalorien.

Eiweiß und Salz zu sehr steifem Schnee schlagen. Zucker und Vanillinzucker dazugeben und das Eigelb darunterziehen. Mehl und Mandeln vorsichtig darunterheben. Eine Lammform einfetten, mit Mehl bestäuben und zusammenbinden. Den Teig hineinfüllen und bei 180 Grad (Backofen rechtzeitig einschalten!) etwa 30 Minuten backen. Probe: Einen Holzspieß hineinstechen. Bleibt kein Teig haften, ist das Osterlamm durchgebacken. Dann vorsichtig aus der Form lösen und mit Puderzucker bestäuben.

Englische Mokkatorte

Mit Pistazien garniert, sieht sie besonders hübsch aus

Zutaten:
175 Butter oder Margarine, 175 g Zucker, 5 Eier, 2 Eßl. Marmelade (möglichst Erdbeer oder Himbeer), 175 g Schokolade, 175 g Mehl, 1 gestrichener Teel. Backpulver, 50 g gemahlene Mandeln. — Für die Creme: 250 g Butter oder Margarine, 250 g Puderzucker, 2 Eigelb, 1/2 Tel. geriebene Orangenschale, 1 Eßl. Pulverkaffee, Pistazien.
Pro Stück ca. 620 Kalorien.

Fett und Zucker schaumig rühren, das Eigelb nach und nach daruntergeben und die Marmelade und die im heißen Wasserbad geschmolzene Schokolade hineinrühren. Mehl und Backpulver sieben, die gemahlenen Mandeln und das sehr steif geschlagene Eiweiß unter die Fett-Ei-Masse heben. Eine Kuchenform am Boden ausfetten, den Teig einfüllen und ca. 50 Minuten backen. Für die Creme das geschmeidige Fett, Zucker und Eigelb schaumig rühren und die abgeriebene Orangenschale und den Pulverkaffee untermischen. Die Torte zweimal durchschneiden, mit der Creme füllen und ringsum bestreichen, mit gehackten Pistazien garnieren.

Windbeutel

Beliebt auf jeder Kaffeetafel

Zutaten:
¼ l Wasser oder ⅛ l Milch und ⅛ l Wasser, 1 Prise Salz, 75 g Butter oder Margarine, 150 g Mehl, 3—4 Eier, ½ l süße Sahne, 2 Päckchen sahnesteif oder 4 Teel. san-apart, 2 Päckchen Vanillinzucker. Insgesamt ca. 3060 Kalorien.

Flüssigkeit mit Salz und Fett aufkochen. Das gesiebte Mehl unter ständigem Rühren auf einmal in das Wasser geben, so lange rühren, bis sich ein Teigkloß bildet, der sich leicht vom Topfboden löst. Brandteig in eine Schüssel geben, sofort 1 Ei unterrühren, nach 10 Minuten die restlichen Eier einzeln darunterarbeiten. Kuchenblech einfetten, leicht bemehlen, kleine Häufchen (Abstand ca. 3—4 cm) aufsetzen, bei ca. 225 Grad 30 Minuten backen (Röhre nicht öffnen), Hitze abschalten, noch 10 Minuten nachtrocknen lassen. Windbeutel aufschneiden, auskühlen. Mit geschlagener Sahne füllen.

Muttertagsherz

Zum Geburtstag oder Muttertag willkommen

Zutaten:
125 g Butter, 125 g Zukker, 1 P. Vanillinzucker, 2 Eier, 100 g geschälte, gem. Mandeln, 50 g Mehl, 75 g Speisestärke. Creme: 250 g geschmeidige Butter, 100 g san-apart, 1 P. Vanillinzucker, 1 Ei, 2 Likörgläser Rum, Kirschwasser oder Weinbrand, 1 Beutel gehobelte Mandeln, 2 Eßl. rote Marmelade, Zuckermimosen, Silberkugeln, Mokkabohnen.
Pro Stück ca. 450 Kalorien.

Fett schaumig rühren, Zucker, Vanillinzucker und Eier zugeben. Mandeln mit Mehl und Speisestärke unter die Masse heben, in die ausgefettete, bemehlte Herzkuchenform füllen, bei 175 Grad ca. 50—60 Min. backen. Stürzen, auskühlen lassen. Creme: Fett schaumig rühren, san-apart und Vanillinzucker zugeben, das Ei in einen Meßbecher geben, bis 200 ccm mit kaltem Wasser auffüllen und mit Alkohol und Fett rühren, bis die Creme glatt wird. Herz mit der Creme bestreichen, Rand mit gerösteten Mandeln garnieren. Restliche Creme mit Marmelade verrühren und die Torte garnieren. Mit Zuckermimosen, Silberkugeln und Mokkabohnen verzieren.

Ostertorte

Sie können den Tortenboden schon am Vortag backen

Zutaten:
175 g Butter oder Margarine, abger. Schale von 1/2 Zitrone, 250 g Zucker, 1 Eßl. Zitronensaft, 300 g Mehl, 2 gestr. Teel. Backpulver, 1/8 l Milch, etwas Weißwein, 1 P. Galetta-Kaltrührpudding mit Vanillegeschmack, 1/4 l Milch, 1/4 l Schlagsahne, 2 Gläschen Weinbrand, geh. Pistazien, Ostereier.
Pro Stück ca. 420 Kalorien.

Fett, Zitronenschale und Zucker schaumig rühren. Zitronensaft dazugeben; Mehl mit Backpulver mischen und abwechselnd mit der Milch darunterrühren. Den Teig in eine gefettete Springform füllen und bei 150 Grad 1 1/4 Stunden backen. Aus der Form lösen, quer halbieren und mit Wein beträufeln. Puddingpulver mit zimmerwarmer Milch anrühren und sofort die steifgeschlagene Sahne darunterziehen. Mit Weinbrand abschmekken und die Torte mit der Hälfte der Creme füllen. Den Rand mit Creme bestreichen und die Oberfläche mit dem Rest verzieren. Mit Pistazien und Ostereiern garnieren.

Ananas-Käsesahne-Torte

Eine eiweißreiche, besonders delikate Nascherei

Zutaten: 125 g Mehl, $^1/_4$ Teel. Backpulver, 50 g Zucker, 1 Eigelb, 75 g Butter, 1 Prise Salz. Creme: 1 kg Quark, $^1/_1$-Dose Ananasscheiben, 300 g Zucker, 2 Päckchen Vanillinzucker, Abgeriebenes 1 Orange und 1 Zitrone, 12 Blatt helle Gelatine, $^1/_2$ l süße Sahne. Pro Stück ca. 460 Kalorien.

Mehl und Backpulver sieben, zusammen mit Zucker, Eigelb, Fett und Salz einen Mürbeteig bereiten, kalt stellen. Danach auswellen, den Boden einer Springform damit auslegen. Teig mehrmals einstechen, bei 200° ca. 12 Minuten backen. Quark mit $^1/_8$ l Ananassaft, Zucker, Vanillinzucker, abgeriebener Orangen- und Zitronenschale gut verrühren. Gelatine mit heißem Zitrussaft auflösen. Gut unter die Masse schlagen, steife Sahne unterheben. Mürbeteigboden auf passende Tortenplatte legen. Den Springformrand mit Pergament auslegen, um den Tortenboden stellen, Ränder mit Ananas garnieren. Ananasreste unter die Quarkcreme geben, einfüllen, im Kühlschrank in 1—2 Stunden fest werden lassen.

Orangentorte

Eine erfrischende „Vitamin-Torte“

Zutaten:
6 Eier, 6 Eßl. heißes Wasser, 150 g Zucker, 1 Päckchen Vanillinzucker, 100 g Mehl, 75 g Speisestärke, 1 gestr. Teel. Backpulver, 1 Dose Tiefkühl-Orangensaft (konzentriert), Saft von 2 Zitronen, 4 Eßl. Zucker, 3—4 kernlose Orangen, 1/4 l süße Sahne, mit 1 Päckchen sahnesteif oder 4 Teel. san-apart steifschlagen, 1 Eßl. Zucker, Geleehimbeeren.
Pro Stück ca. 465 Kalorien.

Eigelb mit heißem Wasser, Zucker und Vanillinzucker weiß-schaumig schlagen. Den steifen Eischnee daraufgeben, das mit Backpulver vermischte Mehl und Speisestärke darübersieben, locker vermischen. Eine Springform mit Pergamentpapier auslegen, nicht fetten, Teig einfüllen, am Rand 2 cm hoch streichen und diesen Biskuit bei 180 Grad ca. 35 Minuten backen. Tiefkühl-Orangensaft mit Zitronensaft, 1/2 Tasse Wasser und Zukker erhitzen, die quer halbierte Biskuittorte innen mit diesem Saft beträufeln und zusammensetzen. Die Außenfläche mit Orangensirup bestreichen, ringsum mit gut geschälten Orangenscheiben belegen. Orangentorte mit gezuckerter Sahne und Geleehimbeeren garnieren.

Schwarzwälder Kirschtorte

Mit Kirschen und Schokoladenspänen garnieren

Zutaten für Tortenboden: 4 Eier, 1/4 Zitrone, 2 Eßl. Wasser, 100 g Zucker, 75 g Mehl, 30 g Speisestärke, 1 geh. Eßl. Kakao, 1/2 gestr. Teel. Backpulver, 50 g gem. Mandeln, etwas gem. Nelken, Zimt.
Füllung: 1 kg frische oder 1/1-D. Sauerkirschen, 3 Eßl. Zucker, 3 geh. Eßl. Speisestärke, 2 Likörgläser Kirschwasser, 1/2 l Sahne, 1 Vanillinzucker, 1 geh. Eßl. Zucker, 1 geh. Teel. Gelatine.
Pro Stück ca. 360 Kalorien.

Tortenboden: Eiweiß mit Zitronensaft und kaltem Wasser schaumig schlagen, Zucker eßlöffelweise darunterschlagen, so daß fester Schnee entsteht. Die Eigelb leicht unter den Schnee rühren, Mehl, Speisestärke, Kakao und Backpulver daraufsieben, Mandeln, Nelken und Zimt leicht unterheben. Bei Mittelhitze in 30 Minuten backen. Sauerkirschen entsteinen, mit Zucker und 1/8 l Wasser 5 Minuten schwach kochen, Saft abgießen und mit angerührter Speisestärke binden. Kirschen zugeben, kalt werden lassen und das Kirschwasser unterrühren. Kirschen auf dem Tortenboden verteilen. Aufgelöste Gelatine unter süße Schlagsahne geben. Auf die Kirschen streichen, Torte kühl stellen.

Birnentorte

Birnentorte eiskalt servieren

Zutaten: 2 Eier, 3 Eßl. heißes Wasser, 100 g Zucker, 100 g Mehl, 1/1-Dose Birnen, 1/2 l süße Sahne, 1 Päckchen sahnesteif oder 4 Teel. san-apart, 3 gehäufte Eßl. Kaba, 1/2 Glas Johannisbeergelee, Saft und Schale 1 Orange, gehobelte Mandeln. Pro Stück ca. 330 Kalorien.

Eiweiß mit heißem Wasser zu steifem Schnee schlagen. Zucker zuerst unterrühren, danach Eigelb und gesiebtes Mehl locker untermischen. Eine kunststoffbeschichtete Obsttortenform leicht einfetten, die Masse einfüllen und bei 190 Grad ca. 15 Minuten backen. Den abgekühlten Tortenboden mit Birnen belegen, die Sahne nach Vorschrift mit sahnesteif oder san-apart gut schlagen, zuletzt Kaba unterrühren und die Sahne in die Zwischenräume geben. Das Johannisbeergelee mit Orangensaft und Orangenschale erhitzen, etwas abkühlen lassen, die Birnen damit überziehen und mit gehobelten Mandeln bestreuen.

Apfel-Pie

Wichtig fürs Gelingen: Eiswasser verwenden

Zutaten: 250 g Mehl, 175 g Butter oder Margarine, 1 Prise Salz, 6 Eßl. Eiswasser, gut 1 kg mürbe Äpfel, Saft und Schale 1 Zitrone, 2 gehäufte Eßl. Zucker, 1 Päckchen Vanillinzucker, je 1 Löffelspitze Zimt und Ingwer, 50 g Sultanien, 2 gehäufte Teel. Speisestärke, Aprikosenmarmelade, Puderzucker. Pro Stück ca. 280 Kalorien.

Mehl, Fett und Salz mit einer Gabel zu Streuseln verarbeiten. Eiswasser untermischen, nur kurz verkneten. 1 größere und 1 kleinere Teigplatte rund auswellen. Tortenform mit größerer Teigplatte auslegen, Teigboden mehrmals mit Gabel einstechen. Geschälte, entkernte Apfelspalten mit Zitronensaft, Zucker, Vanillinzucker, Zimt, Ingwer, Sultaninen, Speisestärke mischen. Teigboden füllen, mit der kleineren Teigplatte belegen, Ränder fest andrücken. Den Apfel-Pie bei 200 Grad ca. 40 Minuten backen. Noch heiß mit erhitzter Aprikosenmarmelade bepinseln, abgekühlt mit Puderzuckerglasur versehen.

Gewürzschnitten (1)

Haselnußecken (2), Orangenschnitten (3) auf Seite 280

Zutaten für etwa 40 Stück: 125 g Mandeln, 25 g Butter, 125 g Zucker, 2 Eier, 1 Teel. Zimt, 1 Prise Muskat, 1 Zitrone, 50 g Zitronatwürfel, 25 g Orangeatwürfel, 125 g Mehl, 100 g Puderzucker, 1 Eßl. Zitronenzucker, etwas Kakao. Pro Stück ca. 75 Kalorien.

Mandeln in kochendheißem Wasser kurz ziehen lassen, abgießen, schälen und grob hacken. Butter mit Zucker, Eiern, Zimt und Muskat schaumig rühren. Zitronenschale dazureiben und Mandeln, Zitronat, Orangeat und Mehl daruntermischen. Ein Backblech einfetten, den Teig 1 cm dick daraufstreichen, bei 180 Grad in den Backofen schieben und 30 Minuten backen. Puderzucker mit Zitronenzucker mischen und auf den Kuchen sieben. In lange Streifen schneiden, die Mitte mit Kakao bestäuben. Zwischen Papier in eine Dose schichten.

Haselnußecken (2)

**Zutaten für etwa 60 Stück:
100 g Haselnußkerne,
125 g Butter, 100 g Mehl,
75 g Zucker, 100 g
Schnell-Kakao, 1 Eßl.
Rum, 1 Prise Salz,
Johannisbeergelee, 200 g
Puderzucker, 2—3 Eßl.
Kirschwasser.
Pro Stück ca. 60 Kalorien**

Haselnußkerne auf ein Backblech schütten und im heißen Backofen 5 Minuten rösten. Etwas abkühlen lassen, die braunen Häutchen abreiben und die Nüsse durch die Mandelmühle drehen. Mehl auf ein Backbrett schütten, die Butter hineinlegen und mit bemehltem Messer fein zerhacken. Nüsse, Schnellkakao, Rum und Salz hinzufügen, alles schnell zu einem glatten Teig kneten und diesen 1/2 Stunde in den Kühlschrank legen. Dann auf ein Backblech legen und 1/2 cm dick ausrollen. Bei 180 Grad auf der mittleren Schiene in den Backofen geben und etwa 20 Minuten backen. Sofort mit einer dünnen Schicht Johannisbeergelee bestreichen und abkühlen lassen. Puderzucker mit Kirschwasser verrühren und den Kuchen damit bestreichen. Halbieren, die Kuchenplatten übereinanderlegen und in kleine Dreiecke schneiden. Die Glasur trocknen lassen und das Gebäck in eine Dose legen.

Orangenschnitten (3)

**Zutaten für etwa 60 Stück:
250 g Mehl, 75 g Zucker,
1 gestrichener Teel. Backpulver, 1 Ei, 125 g Butter.
Füllung:
125 g Mandeln, 150 g Zucker,
1 Orange, 100 g Puderzucker, 30 abgezogene Mandeln.
Pro Stück ca. 80 Kalorien.**

Mehl, Zucker und Backpulver auf einem Backbrett mischen. Ei in die Mitte und Butter in Flöckchen auf den Rand geben. Glattkneten und kühl stellen. Füllung: Mandeln hacken, Orange fein abreiben und auspressen. Mandeln, Orangenschale und Zucker mischen und so viel Saft hineinrühren, daß die Masse streichfähig wird. Den Teig zwischen Pergamentpapier zu zwei Rechtecken (25x30 cm) ausrollen. Backblech einfetten, ein Teigstück darauflegen und mit der Füllung (1 cm Rand frei lassen) bestreichen. Mit dem zweiten Teigstück zudecken und die Ränder festdrücken. Einige Male mit einer Gabel einstechen, bei 200 Grad in den Backofen geben und 20 Minuten backen. Puderzucker mit 2 Eßlöffel Orangensaft verrühren und den heißen Kuchen damit bestreichen. In Stücke schneiden, ganze Mandeln darauflegen, abkühlen lassen, zwischen Pergamentpapier oder Alufolie in eine verschließbare Gebäckdose schichten.

Linzer Torte

Auch Rum, Cognac oder Himbeergeist „würzt“ gut

Zutaten: 150 g Butter, 250 g Zucker, 150 g gemahlene Haselnüsse, 300 g Mehl, 1 gestrichener Kaffeel. Backpulver, 2 Eßl. Kakao, 1/2 Teelöffel Zimt, 1 Löffelspitze Nelke, abgeriebene Schale 1 Zitrone, 1 Ei, 2 Likörgläser Kirschwasser, 2—3 Eßl. Milch, 5—6 Eßl. rote Fruchtmarmelade, 1 Eigelb, 1 Eßl. Kondensmilch 16 Stück à ca. 317 Kalorien.

Das geschmeidige Fett mit Zucker, gemahlenen Nüssen, dem mit Backpulver gesiebten Mehl, Kakao, Gewürzen, Kirschwasser, Ei und Milch zu einem Mürbeteig verarbeiten, ca. 1 Stunde kalt stellen. Hälfte des Teiges zu einem dicken runden Boden auswellen. Tortenform ohne Rand damit auslegen. Tortenboden mit Marmelade bestreichen, restlichen Teig auswellen und mit einem Glas ovale Blättchen ausstechen. Die Blättchen halb übereinandergelegt zu einem Rand um die Torte formen, die Tortenoberfläche mit einem Teiggitter belegen. Die Teigblättchen mit Eigelb (mit Kondensmilch verrührt) bestreichen und die Linzer Torte bei 175 Grad ca. eine Stunde backen.

Christstollen

Lassen Sie sich Zeit bei Hefegebäck, um so besser wird's

Zutaten: 500 g Mehl, 25 g Hefe, 1 Prise Salz, gut $^1/_8$ l Milch, 75 g Zucker, 150 g Margarine, 2 Eigelb, etwas abgeriebene Zitronenschale, $^1/_3$ Teel. Kardamom, 175 g geschälte, gehackte oder in Streifen geschnittene Mandeln, 125 g Sultaninen, 125 g Orangeat und Zitronat gemischt, 150 g Butter, Puderzucker.
25 Stück à ca. 171 Kalorien.

Gesiebtes Mehl warm stellen, die Hefe in die Mitte des Mehls bröckeln und mit der lauwarmen Milch zu einem Teig verrühren, mit etwas Mehl bestäuben und mit einem Tuch bedeckt in der lauwarmen Röhre ca. 20 Minuten gehen lassen. Zucker, zerlassene Margarine, Eigelb, Gewürze unter Mehl und Hefestücke mischen, verkneten. Mandeln, Sultaninen, Orangeat und Zitronat unter den Teig kneten und diesen zu einer ovalen, ca. 4 cm dicken Platte auswellen. $^1/_3$ der Teigplatte in der Länge überschlagen. Stollen auf das Blech setzen, bei 50 Grad in die Röhre schieben. Ist der Stollen aufgegangen, die Temperatur auf 190 Grad stellen, ca. 1 Stunde backen. Mit zerlassener Butter bepinseln, Puderzucker überstäuben.

Aprikosenbusserl

**3 Eiweiß, 100 g Zucker,
2 Vanillinzucker,
150 g getrocknete Aprikosen,
125 g Haselnüsse.**

Eiweiß, Zucker und Vanillinzucker im kochenden Wasserbad steifschlagen. Gewürfelte Aprikosen und gehackte Nüsse daruntergeben, kleine Häufchen auf ein mit Papier belegtes Blech setzen, bei 150 Grad ca. 1 Stunde backen, bis sie gelb sind. 40 St. à 45 Kalorien.

Lebkuchen

350 g Mehl, 250 g gesch., geh. Mandeln, 250 g Honig, 150 g Zucker, 2 Eier, 100 g Orangeat, Zimt, Muskat-Nelken-Pulver, Zitronenschale, 2 Teel. Natron. Glasur: Zitr.-Saft, 1/2 Eiweiß, 3 Eßl. Puderz., Geleefrüchte.

Honig im Wasserbad zergehen lassen. Alles zu einem Teig kneten. Ca. 1 cm dick ausrollen, Quadrate eng auf ein Blech setzen, über Nacht trocknen, bei 180 Grad ca. 25 Minuten backen, noch heiß teilen. Glasur: Eischnee und Puderzucker vermischen, Zitronensaft zufügen, die Lebkuchen damit bepinseln, mit gehackten roten Geleefrüchten bestreuen, die Glasur in der warmen Backröhre fest werden lassen. Oder mit Kuvertüre überziehen, mit halben Mandeln garnieren. 80 Stück à 65 Kalorien.

Buttergebäck

200 g Butter oder Margarine, 125 g Puderzucker, 2 Päckchen Vanillinzucker, 3 Eigelb, 275 g Mehl. — Zum Bestreichen: 1 Eigelb, mit 1 Eßl. Kondensmilch verrührt. 50 St. à 65 Kalorien.

Fett schaumig rühren, Zucker, Vanillinzucker und Eigelb unterrühren. Mehl unterkneten, Teig ca. 1 Stunde kalt stellen. Auswellen, ausstechen, mit Eimilch bestreichen, bei 175 Grad ca. 25 Min. backen.

Zimtplätzchen

200 g Mehl, 125 g Butter, 125 g Zucker, 100 g gesch., geriebene Mandeln, 1 geh. Kaffeel. Zimt, 1 Ei. Glasur: Puderzucker, Schokoladen-Kuvertüre. 50 St. à 60 Kalorien.

Zutaten zu Mürbeteig verarbeiten, erkalteten Teig ausrollen, verschieden große Plätzchen ausstechen, bei 175 Grad ca. 25 Minuten backen. Größere mit Zuckerglasur, kleinere mit zerl. Schokolade bepinseln, aufeinandersetzen.

Nußplätzchen

150 g Mehl, 75 g Butter, 50 g geriebene Haselnüsse, 100 g geriebene Schokolade, 125 g Zucker, 2 Eiweiß, Puderzuck. 50 St. à 50 Kalorien.

Mehl sieben und mit dem Fett zu Bröseln verarbeiten, Haselnüsse, Schokolade und Zucker untermischen, mit dem Eischnee verkneten, kühl stellen, ausstechen, bei 160 Grad ca. 40 Minuten backen. Plätzchen noch heiß mit Puderzuckerglasur bestreichen.

Nikolausplätzchen (1)

Schneehäufchen (2), Butterplätzchen (3): siehe Seite 286

Zutaten für etwa 80 Stück:
200 g Margarine, 125 g Zucker, 2 Eigelb, 1 Eßl. Sahne, 1 Päckchen Vanillinzucker, Schale von 1 Zitrone, 250 g Mehl, 100 g Mandelsplitter, 100 g Rosinen oder Korinthen, 100 g Zitronatwürfel, 50 g Orangeatwürfel.
Pro Stück ca. 55 Kalorien.

Geschmeidige Margarine und Zucker in eine Schüssel geben und schaumig rühren. Eigelb, Sahne und Vanillinzucker unter weiterem Rühren hinzufügen. Zitronenschale dazureiben. Mehl mit Mandeln, Rosinen oder Korinthen, Zitronat- und Orangeatwürfeln mischen und unter die schaumiggerührten Zutaten heben. Das Backblech einfetten und mit 2 Teelöffeln kleine Teighäufchen daraufsetzen. Das Gebäck bei 225 Grad auf der mittleren Schiene in den Backofen schieben und in 10 bis 12 Minuten goldgelb backen. Die Plätzchen mit einem Messer vom Blech lösen, auf ein Gitter legen und abkühlen lassen.

Schneehäufchen (2)

Zutaten für etwa 80 Stück: 300 g Mandeln, 300 g Datteln ohne Steine, 3 Eiweiß, Saft von 1/2 Zitrone, 200 g Puderzucker, 50 Backoblaten Pro Stück ca. 45 Kalorien.

Mandeln in kochendes Wasser schütten, kurz ziehen lassen, auf ein Sieb schütten, mit kaltem Wasser überbrausen, kurz abtropfen lassen und dann abziehen. Auf einem Tuch abtrocknen und dann längs in Stifte schneiden. Datteln auch längs in Streifen schneiden. Eiweiß zu Schnee schlagen, Zitronensaft darunterrühren und den Puderzucker unter weiterem Schlagen nach und nach dazugeben. Weiterschlagen, bis der Schnee ganz steif ist, Mandeln und Datteln darunterheben. Oblaten auf ein Backblech legen und mit 2 Teelöffeln kleine Teighäufchen daraufsetzen. Die Schneehäufchen bei 150 Grad in den Backofen stellen (mittlere Schiene!) und bei etwa 150 Grad 25 Minuten backen. Das fertige Gebäck auf dem Backblech erkalten lassen. Dann die Oblaten abbrechen und die Schneehäufchen zwischen Pergamentpapier oder Cellophan in eine fest verschließbare Gebäckdose schichten.

Butterplätzchen (3)

Zutaten für etwa 50 Stück: 250 g Mehl, 150 g Butter, 100 g Zucker, 1 Prise Salz, 1 Ei, Zitronenschale, rotes Johannisbeergelee. Pro Stück ca. 45 Kalorien.

Mehl auf ein Backbrett schütten und kalte Butter darauflegen. Ein Pfannenmesser immer wieder ins Mehl tauchen, das Fett damit fein zerhacken und so mit dem Mehl vermischen. Zucker, Salz und Ei hinzufügen und etwas Zitronenschale dazureiben. Alle Zutaten mit kalten Händen schnell zu einem glatten Teig kneten. Zwei 3 cm dicke Teigrollen daraus formen und diese 30 Minuten in den Kühlschrank legen. Auf eine leicht bemehlte Unterlage legen, in etwa 1 cm dicke Scheiben schneiden und kleine Kugeln daraus formen. Auf ein Backblech legen, die Mitte mit einem Finger eindrücken und etwas Johannisbeergelee hineingeben. Butterplätzchen bei 190 Grad in den Backofen geben und in etwa 10 bis 12 Minuten goldgelb backen. Das Gebäck mit einem Pfannenmesser vorsichtig vom Blech lösen, auf ein Kuchengitter legen und erkalten lassen. Dann zwischen Pergamentpapier in eine fest verschließbare Gebäckdose schichten.

Alemannische Schenkeli

Bitte achtgeben: Das Fett nicht zu heiß werden lassen

Zutaten: 400 g Mehl, 75 g Butter oder Margarine, 200 g Zucker, 3 Eier, 1 Prise Salz, 1 Likörglas Kirschwasser, Zwetschgenwasser oder Rum, etwas abgeriebene Zitronenschale, Backfett.
Pro Stück ca. 130 Kalorien.

Das geschmeidige Fett mit Zucker und den Eiern gut schaumig rühren, Salz, Kirschwasser und Zitronenschale untermischen. Das gesiebte Mehl unter diese Masse kneten, den Teig auf Pergamentpapier oder Folie geben und zu einer 5 cm breiten und 2 cm hohen Platte formen und in das Papier gut einwickeln. Den 1 Stunde kalt gestellten Teig in 1 cm breite Stücke schneiden, mit den bemehlten Händen zu kleinen, an den Enden zugespitzten Röllchen formen und diese in nicht zu heißem Fett (ca. 175 Grad) backen. Die Schenkeli müssen dabei etwas aufspringen.

Berliner Pfannkuchen

Ein beliebtes Fastnachtsgebäck

Zutaten: 500 g Mehl, 1 Päckchen Dauerbackhefe, 40 g Zucker, 1/8 bis 1/4 l Milch, 2 Eßl. Öl, 2 Eigelb, 1 Teel. Salz, 2 Eßl. Rum, Marmelade oder Pflaumenmus, Backfett, Zucker, evtl. Zimt. Pro Stück ca. 180 Kalorien.

Gesiebtes Mehl, Zucker und Salz in eine hohe Schüssel geben. Die nach Packungsvorschrift vorbereitete Hefe, Öl und Eigelb beifügen, alles verkneten. Rum dazugeben, so lange kneten, bis sich der Teig von dem Schüsselrand löst, dann gehen lassen. Den Teig 1 1/2 cm dick ausrollen, Teigplatten (6 cm ⌀) ausstechen, diese zum Gehen auf ein gefettetes Backblech legen. Danach die Pfannkuchen mit der Oberseite in das heiße Backfett geben, zuerst 2 1/2 bis 3 Minuten zugedeckt backen, den Topfdeckel abnehmen, das Gebäck wenden und weitere 2 1/2 bis 3 Minuten backen. Mit einem Spritzbeutel mit langer Tülle Marmelade in die Pfannkuchen spritzen.

Badische Scherben

Eine „zerbrechliche" Fastnachtsleckerei

Zutaten: 400 g Mehl, 2 Eier, 1 Eigelb, 75 g Butter oder Margarine, 1/8 l Weißwein oder 2 Likörgläser Kirschwasser oder Rum oder Weinbrand, Backfett, Zucker, Zimt.
Pro Stück ca. 110 Kalorien.

Die Eier und das Eigelb mit dem Handrührgerät gut verrühren, das zerlassene lauwarme Fett untermischen, Spirituosen zufügen und zuletzt das gesiebte Mehl gut unterkneten. Teig 1 Stunde kalt stellen, danach zu Rollen formen, in walnußgroße Stücke schneiden und diese auf gut bemehltem Brett sehr dünn auswellen. Die Teigblätter in heißem Fett schwimmend ausbacken. Damit sie wellig werden, zwei bis drei Scheiben zugleich ausbacken. Herausnehmen, auf Serviette abtropfen lassen, noch heiß mit etwas Zucker und Zimt bestreuen.

Zürcher Eieröhrli

Eieröhrli wollen dünn ausgerollt werden

Zutaten: ca. 300 g Mehl, 3 Eier, 2 gehäufte Eßl. Zucker, 25 g Butter oder Margarine, 5 Eßlöffel Kondensmilch oder süße Sahne, 1 Prise Salz, Backfett, Puderzucker. Pro Stück ca. 90 Kalorien.

Eier mit Zucker schaumig rühren, zuerst das zerlassene Fett, danach Kondensmilch oder Sahne langsam unterrühren, gut schaumig schlagen. Das gesiebte Mehl unterkneten, den Teig 1 Stunde kalt stellen, zu einer Rolle formen, walnußgroße Stücke schneiden und diese auf bemehltem Brett sehr dünn ausrollen. Die Teigblätter mit den Händen wie einen Strudelteig auseinanderziehen. Teigscheiben — mehrere zusammen — schwimmend im Fett ausbacken, damit sie etwas wellig werden, auf Serviette abtropfen lassen, mit Puderzucker bestäuben.

Getränke

Bierpunsch

Männer mögen ihn besonders

Zutaten für 4 Gläser:
3 Eier, 4 Eßlöffel Puderzucker, Abgeriebenes $^{1}/_{2}$ Zitrone, 1 l helles Bier, etwas Muskatnuß.
Pro Glas ca. 235 Kalorien.

Das Eiweiß sauber vom Eigelb trennen und zu steifem Schnee schlagen. Den Puderzucker zuletzt kurz unterrühren und das Eigelb zufügen. Das Bier mit der Zitronenschale erhitzen und kurz vor dem Kochen unter den Eischnee rühren, gut verschlagen, in angewärmte Gläser füllen, mit etwas Muskatnuß bestäuben.

Zwei Drinks mit Rum

Ananas-Fizz erfrischt, der Cocktail schmeckt vor dem Essen

Ananas-Fizz (links): In ein hohes Glas geben Sie 2 Eiswürfel, 3 Likörgläser Rum, den Saft von 1/4 Zitrone und 1 Teelöffel Puderzucker. Dann umrühren und mit 1/8 l Ananassaft und der gleichen Menge Mineralwasser auffüllen.
Pro Glas ca. 210 Kalorien.

Davis-Cocktail (rechts): Geben Sie in Ihren Mixbecher 3—4 Eiswürfel und dazu 1 Likörglas Rum, 2 Likörgläser Vermouth-Dry, 1 Likörglas Zitronensaft und 1 Teelöffel Grenadine-Sirup. Schütteln Sie gut durch, und dann seihen Sie den Cocktail in ein Glas. Mit einer Maraschinokirsche garnieren und vor dem Essen trinken.
Pro Glas ca. 190 Kalorien.

Zwei, die den Durst löschen

Sie brauchen dafür Eiswürfel

Fruchtiger Teepunsch (links): Sie brauchen dafür 1/4 l starken schwarzen Tee, der ganz kalt sein muß. Füllen Sie ihn in einen großen Glaskrug und geben Sie dazu den Saft von 3 Orangen und 1 Zitrone, 1/8 l Himbeersirup und 1 Eßlöffel Zucker. Gut umrühren, 8 Eiswürfel hineingeben und 1/2 Flasche Mineralwasser dazugießen. Nach Wunsch noch 1/4 l Ananassaft oder 1/2 Dose kleingehackte Ananasstücke hineingeben.
Pro Glas ca. 78 Kalorien.

Grenadine-Soda (rechts): Ein hohes Stielglas zurechtstellen, drei kleingeschlagene Eiswürfel hineingeben, dazu den Saft von 1/2 Zitrone und 3 Eßlöffel Grenadine-Sirup. Mit einem Löffel umrühren und das Glas mit Sodawasser oder Mineralwasser füllen. Das Getränk mit einer Maraschinokirsche schmücken und eventuell mit einigen Spritzern Angostura würzen. Übrigens: Grenadine ist der Sirup von Granatäpfeln.
Pro Glas ca. 60 Kalorien.

Drinks aus Amerika

Erfrischend durch Orange und Zitrone

Planter's Punch (links): In ein hohes Glas kommen 3 Eiswürfel, der Saft einer großen Orange und 1/2 Zitrone, 1 Likörglas Grand Marnier und 1 Likörglas weißer Rum. Umrühren und nach Wunsch mit einer Zitronen- und Orangenscheibe und etwas frischer Pfefferminze garnieren.
Pro Glas ca. 144 Kalorien.

Daiquiri on the rocks (rechts): Ein hohes Glas bereitstellen und 3 Eiswürfel, den Saft von 1/2 Zitrone, 1—2 Eßlöffel Grenadine-Sirup und 2 Likörgläser Rum hineingeben. Umrühren und zuletzt etwas Mineralwasser dazugießen.
Pro Glas ca. 210 Kalorien.

Mixerei mit Fruchtsaft

Gut als Mini-Zwischenmahlzeit

Cardinal Punch (links): 1/8 l schwarzen Johannisbeersaft in ein hohes Glas gießen, dazu den Saft von 1/2 Zitrone und 1 Orange. 2 Eiswürfel zugeben und den Punch mit Ginger Ale (Ingwerlimonade) oder Zitronenlimonade auffüllen. Mit Strohhalm servieren.
Pro Glas ca. 190 Kalorien.

Mandel-Pfirsich-Drink (rechts): Einen Mixer bereitstellen und nacheinander hineingeben: 1/2 Dose Pfirsiche oder 1/2 l Pfirsichsaft, 3 Eßlöffel Zitronensaft, 2 Eßlöffel Puderzucker und 2 Eßlöffel geschälte Mandeln. Mixen, bis alles fein zerkleinert ist, und dann in 4 Gläser verteilen. Etwas Zitronenlimonade dazugießen und den Mandel-Pfirsich-Drink als kleine Zwischenmahlzeit servieren.
Pro Glas ca. 165 Kalorien.

Der gute alte Punsch

Wenn's draußen kalt — machen sie innen warm

Teepunsch: 1 l Weißwein, 1/2 l Rotwein, 2 Päckchen Vanillinzucker und 4 Eßlöffel Zucker erhitzen, aber nicht aufkochen. Inzwischen je 3 Aufgußbeutel Malventee und schwarzen Tee mit 1/2 l Wasser überbrühen und 5 Minuten ziehen lassen. Den heißen Tee, den Saft von 2 Orangen und 1/4 l Rum zum heißen Wein gießen. Den Topf auf ein Rechaud stellen und den Teepunsch so am Tisch heiß halten.
Pro Glas ca. 90 Kalorien.

Kirschpunsch: 2 l ausländischen Rotwein in einen Emailtopf gießen und folgende Zutaten hinzufügen: die Schale von 1/2 Zitrone, 12 Nelken, je 1 Stange Zimt und Vanille, 2 Eßlöffel Zucker. Langsam erhitzen und etwa 15 Minuten ziehen lassen — nicht kochen. Dann in einen Punschkessel seihen und 1 Glas Kaiserkirschen mit Saft sowie 1/4 l Kirschwasser hinzufügen. Nach Wunsch 1 l schwarzen Tee dazugeben und noch nachsüßen.
Pro Glas ca. 70 Kalorien.

Zwei, die einheizen

Mokka-Honig-Drink: $^3/_4$ l Milch in einem Kochtopf erhitzen und dabei immerzu mit einem Schneebesen umrühren, damit sich keine Haut bildet. Kurz vor dem Aufkochen vom Herd nehmen und folgende Zutaten darunterrühren: 1 Päckchen Vanillinzucker, 2 Eßlöffel Honig, 1 Eßlöffel Zucker, 4 gehäufte Teelöffel Pulverkaffee, 4 gehäufte Teelöffel Schokoladenpulver und 3 Likörgläser Weinbrand oder Orangenlikör. Sofort in Gläser gießen und mit etwas Pulverkaffee bestreuen.
Pro Glas ca. 155 Kalorien.

Pharisäer: Für jede Portion brauchen Sie 1 Löffelspitze Schokoladenpulver, 1 Teelöffel Zucker, 1 Likörglas Rum, $^3/_4$ Tasse ganz starken frisch gemachten Kaffee und einen großen Klecks steife Schlagsahne. Zuerst die Kaffeetassen erwärmen und Schokoladenpulver, Zukker und Rum darin verrühren. Dann den heißen Kaffee hineingießen, die Schlagsahne daraufgeben und sofort servieren. Unser Tip: Ersetzen Sie den Rum auch einmal durch Whisky, Kirschwasser oder einen Weinbrand.
Pro Tasse ca. 83 Kalorien.

Orangenmilch (1)

$^1/_4$ l Buttermilch, $^1/_4$ l Orangensaft (frisch gepreßt oder konserviert), 4 Stück Würfelzucker, 1—2 Eßl. Zucker, 4 Kugeln Vanille-Eiscreme.
Pro Glas ca. 150 Kalorien.

1 Orange gut waschen, die Schale mit dem Würfelzucker abreiben. Diese Zuckerwürfel mit Buttermilch, Orangensaft und Zucker im Mixer gut vermischen, in Gläser füllen und mit je 1 Kugel Vanille-Eiscreme und $^1/_2$ Orangenscheibe garnieren. Das Getränk gut gekühlt servieren.

Johannisbeermilch (2)

$^3/_8$ l Milch, 1 Joghurt, 125 g rote Johannisbeeren, 3 Eßl. Zucker, 1 Likörglas Brombeer-, Johannisbeer- oder Kirschlikör, 4 Kugeln Vanille-Eiscreme.
Pro Glas ca. 230 Kalorien.

Milch, Joghurt, Johannisbeeren, Zucker und Likör im Mixer gut vermischen, in Gläser füllen und zuletzt mit Vanille-Eiscreme garnieren.

Schokoladenmilch (1)

$^1/_2$ l Milch, 3 gehäufte Eßl. Kaba, 1 Likörglas Weinbrand oder Rum, 4 Kugeln Vanille-Eiscreme, 1 Beutel gehobelte Mandeln. Pro Glas ca. 250 Kalorien.

Die Milch mit Kaba, Weinbrand oder Rum im Mixer gut vermischen, in Gläser füllen und mit Vanille-Eiscreme und gehobelten Mandeln garnieren. Statt Vanille-Eiscreme können ebenfalls Schokolade- oder Nuß-Eiscremes verwendet werden.

Honigmilch (2)

$^1/_2$ l Milch, 2 Eßl. Honig, 3 gehäufte Teel. „Nesquik" (Vanillegeschmack), $^1/_8$ l süße Sahne. Pro Glas ca. 220 Kalorien.

Die Milch mit Honig und „Nesquik" im Mixer gut vermischen, in Gläser füllen und mit geschlagener, jedoch ungesüßter Sahne garnieren.

Eiergrog

Seeleute trinken Eiergrog, wenn es draußen kalt ist

Zutaten für 4 Gläser:
4 Eigelb, 2 gehäufte Eßlöffel Zucker, 4 Gläschen (randvoll) Rum, etwa $^1/_2$ l kochendes Wasser.
Pro Glas ca. 185 Kalorien.

Eigelb mit Handmixer oder Schneebesen rühren und dabei nach und nach den Zucker hinzustreuen. So lange weiterrühren, bis sich der Zucker in der Eigelbmasse völlig aufgelöst hat. Den Rum etwas erwärmen und darunterrühren. In 4 vorgewärmte Tee- oder Punschgläser verteilen und den Grog mit kochendem Wasser auffüllen.

Irish Coffee

Whisky-Soda im Sommer; „Whiskey-Kaffee" im Winter

Zutaten für 4 Gläser:
3/8 l starker heißer Kaffee,
1 Tasse Schlagsahne,
10 Likörgläser irischer Whiskey, 4 gehäufte Teelöffel Zucker.
Pro Glas ca. 230 Kalorien.

Gekühlte Sahne mit dem Schneebesen nur leicht schaumig schlagen. Irish-Coffee-Gläser mit heißem Wasser ausspülen und je 2 1/2 Likörgläser Whiskey hineinfüllen. Je 1 Teelöffel Zucker darin verrühren und die Gläser 3/4 mit heißem Kaffee füllen. Die geschlagene Sahne — über einen Teelöffel gießend — hinzufügen.

Rumgrog

Stecken Sie die Nelken in Zitronenscheiben

Zutaten für 4 Gläser:
3 Zitronen, 8 Nelken, 8 Teelöffel Puderzucker,
8 Likörgläser Rum, etwas Zimt, Wasser.
Pro Glas ca. 125 Kalorien.

2 Zitronen auspressen und 1 Zitrone in Scheiben schneiden und die Scheiben mit den Nelken bestecken. Zitronensaft mit Zucker, Rum, Zimtstange und $^3/_4$ l frischem Wasser erhitzen und kurz vor dem Aufkochen in Gläser füllen und mit den Zitronenscheiben servieren. Vor dem Eingießen des Grogs einen silbernen Löffel oder eine silberne Gabel in die Gläser stellen, um die Hitze abzuleiten.

Eiskaffee

Mit gemahlenem Kaffee oder Pulverkaffee einen starken Kaffee bereiten und kalt stellen. Je zwei Kugeln Vanille- oder Schokoladeneis in hohe Gläser geben, mit dem eiskalten Kaffee auffüllen und mit geschlagener, gesüßter Sahne garnieren. Mit Strohhalm und Löffel servieren. Pro Glas ca. 150 Kalorien.

Mazagran (ohne Abbildung)

Whiskygläser zu 3/4 mit kleingeschlagenen Eiswürfeln füllen, je 1/2 Glas Weinbrand und Maraschino dazugeben, mit starkem heißem Kaffee auffüllen und nach Geschmack süßen. (Durch das Eis wird der Kaffee sofort kalt.) Mit Strohhalm reichen, dazu süßes Kleingebäck. Pro Glas ca. 56 Kalorien.

Manhattan-Cocktails

Ideale Cocktails für fast jeden Geschmack

a) Manhattan-Original. In ein Mixglas 3—4 Eiswürfel, 1 Spritzer Angostura Bitter, schwach 1 Likörglas Vermouth-Rosso und 2 kleine Likörgläser Bourbon-Whiskey geben, mit dem Rührlöffel gut rühren und in ein Glas seihen. Mit Maraschinokirsche servieren.

b) Manhattan-Dry. In ein Mixglas 3—4 Eiswürfel, 1 Spritzer Angostura Bitter, 1 kleines Likörglas Vermouth-Dry und 2 kleine Likörgläser Bourbon-Whiskey geben, gut rühren, in ein Glas seihen und mit gefüllter Olive servieren.

c) Manhattan-Medium. In ein Mixglas 3—4 Eiswürfel, 1 1/2 Likörgläser Bourbon-Whiskey, 1/2 Likörglas Vermouth-Rosso und 1/2 Likörglas Vermouth-Dry geben. Gut verrühren, in ein Glas seihen und mit einer Kirsche servieren.
Pro Glas ca. 110 Kalorien.

Martini-Cocktails

Vor und nach Tisch — beliebte Drinks

a) Martini-Medium. In ein Mixglas 3 bis 4 Eiswürfel, 1 Spritzer Angostura Bitter oder Orange Bitter und jeweils schwach 1 Likörglas Gin, Vermouth-Dry und Vermouth-Rosso geben und mit dem Rührlöffel gut verrühren, sofort in ein Glas seihen und mit etwas Zitronenschale abspritzen. Mit gefüllter Olive garnieren.

b) Martini-Dry. In das Mixglas 3—4 Eiswürfel, 1 Spritzer Angostura Bitter und jeweils schwach 1½ Likörgläser Gin und Vermouth-Dry geben, sehr gut rühren, in ein Glas seihen und mit etwas Zitrone abspritzen, Olive beifügen.

c) Martini-Sweet. In ein Rührglas 3—4 Eiswürfel, 1 Spritzer Grenadine-Sirup, 1 Likörglas Gin und 2 Likörgläser Vermouth-Rosso geben, rühren, in ein Glas seihen, eine Kirsche zugeben.

Pro Glas ca. 110 Kalorien.

Honigpunsch

Zutaten: 1 l Wasser, 1 Zitrone, 10 Nelken, 1 Zimtstange, dünne Schale von 1 Orange, 1 l frischer Orangensaft, Saft von 2 Zitronen, 500 g Honig, 1/2 l Rum.
Pro Glas ca. 150 Kalorien.

Die Zitrone in Scheiben schneiden, die Scheiben mit 10 Nelken bestecken und das Ganze mit dem Wasser, der Zimtstange und der Orangenschale aufkochen lassen. Den Orangen- und den Zitronensaft zugießen, 500 g Honig zugeben, bis zum Siedepunkt kommen lassen und erst zuletzt den Rum zugeben. Tip: Reichen Sie hierzu süße Waffelröllchen oder Löffelbiskuits.

Feuerzangenbowle

Zutaten: 2 Flaschen Rotwein, 2 Orangen, 6 Nelken, 1 Zimtstange, 1 Zuckerhut, 1/2 Flasche Rum, 54 %. Pro Glas ca. 146 Kalorien.

Rotwein, mit Nelken besteckte Orangenscheiben und Zimtstange in einen Kupferkessel geben und auf dem Herd erhitzen, aber nicht zum Kochen kommen lassen. Danach den Kessel auf ein Rechaud stellen. Feuerzange mit Zuckerhut auflegen und mit 1/3 des Rums begießen. Eine Schöpfkelle halb mit Rum füllen, an der Rechaudflamme erhitzen und entzünden und den Zuckerhut damit begießen. Mit der Schöpfkelle weiter Rum nachgießen, bis er verbraucht ist.

Dubonnet-Punsch

Zutaten: 1 Flasche Weißwein, 1 Flasche Rotwein, 2 Zitronen, 150 g Zucker, 1/2 Flasche Dubonnet oder Byrrh.
Pro Glas ca. 100 Kalorien.

Den Wein mit Zucker und den in Scheiben geschnittenen Zitronen bis zum Siedepunkt erhitzen, aber nicht kochen lassen. Dubonnet oder Byrrh zugießen und den Punsch in ein vorgewärmtes feuerfestes Gefäß geben. Hierzu beliebiges süßes Gebäck reichen. Tip: Dubonnet oder Byrrh sind französische Aperitifweine von ausgeprägtem Charakter.

Mit einem Schuß Rum

Mandarinenpunsch: 2 l Weißwein, 1 Stange Vanille, 1 Stück Ingwer oder 1 gestrichener Teelöffel Ingwerpulver und 200 g Zucker erhitzen und 15 Minuten ziehen lassen, aber nicht kochen. Auf ein Rechaud stellen und $^1/_4$ l frisch gepreßten Mandarinensaft und den Saft von 2 Zitronen hinzufügen. $^1/_4$ Flasche Rum (54%) hineingießen und die gleiche Menge Rum nach und nach in einer Schöpfkelle erwärmen, anzünden, in den Punsch gießen und schöpfen, bis die Flammen aus sind.
Pro Glas ca. 100 Kalorien.

Rheinweinpunsch: Etwa $^1/_2$ l Wasser und 250 g Kandiszucker, 6 Nelken, 1 Stange Zimt und die Schale von 1 Zitrone 5 Minuten kochen. $1^1/_2$ l Rheinwein dazugießen und wieder erhitzen, aber nicht aufkochen. Gut $^1/_4$ l Rum (54%) dazugeben und im Punschkessel auf einem Rechaud servieren. Etwas Rum in einer Schöpfkelle anzünden, in den Punsch gießen und dann immerzu schöpfen, bis die Flammen verlöscht sind. Zum Schluß den Saft von 1 Zitrone und 2 Orangen hinzufügen.
Pro Glas ca. 100 Kalorien.

Beerenflip

In einen Mixbecher 4—5 Eiswürfel, 1 frisches ganzes Ei, 1 gehäuften Teelöffel Puderzucker und $2^1/_2$ Likörgläser Fruchtsaftlikör (schwarze Johannisbeere, Brombeere) geben und gut schütteln. Den Flip sofort in ein Glas seihen und mit geriebener Muskatnuß bestäuben. Der Flip kann auch an Stelle von Fruchtsaftlikör mit Sherry oder Portwein bereitet werden. Tip: Ein Kaffeeflip wird mit 2 Likörgläsern Portwein, 1 Likörglas Weinbrand, 1 Teelöffel Puderzucker und einem Eigelb bereitet. Er hat seinen Namen durch die kaffeebraune Farbe.
Pro Glas ca. 210 Kalorien.

Sahneflip

Zutaten:
4—5 Eiswürfel,
2 Likörgläser frische Sahne,
1 Eigelb, 1 geh. Teel.
Puderzucker, 2 1/2 Likörgläser Likör (Pomeranze, Aprikose, Curaçao)
oder Gin, Whisky oder Weinbrand.
Pro Glas ca. 235 Kalorien.

In einen Mixbecher die angegebenen Zutaten geben und gut schütteln. Den Flip in ein Glas seihen und mit etwas Muskat bestäuben. Tip: Bereiten Sie 2 Drinks vor — so genügt 1 Eigelb, für 3 Flips benötigen Sie 2 Eigelb. Es dürfen nur ganz frische Eier verwendet werden. Zur Verfeinerung kann noch 1/2 Likörglas Rum, Kirschwasser, Himbeergeist oder Williams Christ zugefügt werden. Den Flip mit Strohhalm servieren. Flips reicht man am Vormittag oder zur Teezeit, sie sind besonders bei Damen beliebt.

Heidelbeermilch (1)

Zutaten:
1/2 l Milch, 125 g Heidelbeeren, 2 Eßl. Zucker, Saft 1/4 Zitrone 4 Kugeln Vanille-Eiscreme.
Pro Glas ca. 170 Kalorien.

Die Milch mit den Beeren, Zucker und Zitronensaft im Mixer vermischen, in Gläser füllen und mit je 1 Kugel Vanille-Eiscreme und einigen zuvor ausgesuchten Heidelbeeren garnieren.

Nußmilch (2)

Zutaten:
1/2 l Milch, 1 Ei, 50 g Nüsse, 1 Eßl. Rosinen, 3 Eßl. Honig, 1 Likörglas Weinbrand oder Rum.
Pro Glas ca. 250 Kalorien.

Die Milch mit Eigelb, Nüssen, Rosinen, Honig und Weinbrand oder Rum im Mixer vermischen und zuletzt das zu Schnee geschlagene Eiweiß vorsichtig mit dem Schneebesen unterheben.

Himbeer-Orangen-Milch (1)

Zutaten:
$^3/_8$ l Buttermilch, Saft von 2 Orangen, 125 g Himbeeren, 2 Eßl. Zucker.
Pro Glas ca. 110 Kalorien.

Die Buttermilch mit Orangensaft, Beeren und Zucker im Mixer gut vermischen und in Gläser seihen. Eventuell mit Orangenschale garnieren.

Mandelmilch (2)

Zutaten:
$^1/_2$ l Milch, 2 Eßl. Zucker, 1 Päckchen Vanillinzucker, 50 g geschälte Mandeln, einige Erdbeeren oder Himbeeren, 4 Kugeln Fruchteiscreme.
Pro Glas ca. 260 Kalorien.

Die Milch mit Zucker, Vanillinzucker und Mandeln im Mixer gut vermischen, in Gläser füllen und mit Früchten und Eiscreme garnieren. Die Mandeln werden besonders fein gemahlen, wenn Sie dieselben zuerst in den Mixer geben.

Alphabetisches Inhaltsverzeichnis